二战经典战役纪实

鏖战菲律宾

THE BATTLE IN THE PHILIPPINES

二战经典战役编委会·编译

中国铁道出版社有限公司
CHINA RAILWAY PUBLISHING HOUSE CO., LTD.

前 言 | 鏖战菲律宾

The Battle in the Philippines

人类，从开天辟地以来，就以追求而存在。人类追求美好，追求和平，追求真善美。但是，不可否认的是，人类的命运始终处在残酷的历史争夺中。

这是一场空前绝后的死亡游戏，是人类命运的大较量。亘古以来，人类还从来没有面临过如此惊险的抉择。面对突如其来的疯狂挑战，正义者没有选择投降，他们选择了战争，选择了暴力的应战方式。

于是，在人类作战史上，源自人类灵感的钢铁怪兽——舰艇，像"狼群"一样出没在美丽的岛群上，漂浮在汹涌澎湃的大洋中，咆哮和怒吼在雷电交织的夜里！那是一场正义与邪恶的较量，是生与死的大搏斗！

菲律宾战役，作为太平洋战场空前大战的一个决定性环节，就这么匆匆登场。没有序幕，没有序曲，没有节奏，有的只是狂风暴雨和万炮齐鸣、死亡和杀戮、血与火！

在这场孕育了人类历史上最大海战的浴血争夺中，日本法西斯像从潘多拉盒子里放出来的魔鬼，将其爪牙伸向了东南亚，问鼎南半球，染指太平洋。当日军晃着军刀向南进发时，《君之代》和《日之丸》成了日本武士最美妙的麻醉曲。狂热的军国主义分子用刺刀挑起了自己几个世纪的梦想。曾几何时，来自南方前线的一连串"胜利"变成了日本民族的"骄傲"，就连日本妓女也忘情地欢呼这一"神话般的胜利"。

然而，日本帝国真的"崛起"了吗？表面上，它已经拥有了数倍于自己的国土。但是，它的野心已使它走火入魔，它的疯狂已为世人咬牙切齿；它的野心之大，已经连太平洋都难以装下了。

魔高一尺，道高一丈。日本军阀无休止的贪欲，触发了太平洋另一根愤怒的神经——美国。这个在菲律宾遭受"耻辱"的后发帝国主义国家，用它最完善的军事机器，向日本法西斯发动了一场史无前例的大反击。

　　两个新兴的帝国主义国家在辽阔的大洋上展开了一场生死大搏斗。日本，这个素以武士道精神著称的国家，要以国家命运作赌注，同美国决一死战。美国，则以倔强、果敢、坚定的麦克阿瑟为首，走向了人类历史上永远难以忘却的命运的交汇点——菲律宾。

　　在菲律宾，既有日本陆军的辉煌时刻，也有日本陆军的凄惨景象；既有日本海军的狂妄嚣张，也有日本海军的覆灭倾亡；既有日本空军的狂热期望，也有日本空军的极端绝望。当然美军也不例外，他们，正用自己青春的双手书写20世纪美国海洋时代的到来。

　　无论从哪个角度看，这都是一个异常辉煌与惨痛的经历。从跌跌撞撞的太平洋攻势的发动，到越岛攻击优势的形成，再到菲律宾发生的大规模歼灭战，美军用勇猛无比的战斗精神，以锐不可挡的强大舰队，向日军发起了一次又一次进攻，取得了一个又一个胜利。而日本，在失败的命运下，步步退却，屡败而又屡战，屡战而又屡败。日军的敢死冲锋，在无奈的命运的支配下，成了自虐的最好自白。菲律宾的岛群，从暗红色的阴霾，迎来了霞光灿烂的黎明。

　　菲律宾战役表明，人类是不幸的。人类之不幸是遇到了异常狠毒的法西斯"恶狼"。它们公然与人类为敌，破坏人类生存的基础和追求的希望，妄想把他人置于捆绑的牢笼中，供之驱使。与不幸相比较，菲律宾战役表明人类又是伟大的。它伟大不在于胜利，而在于宣告了一个全新的太平洋时代的到来。

战役备忘 | 鏖战菲律宾
The Battle in the Philippines

罗斯福 | Franklin Roosevelt

　　1945 年，可以看成人类历史上成就最大的一年。1945 年，纳粹法西斯恐怖统治在欧洲终结，日本帝国主义的侵略和统治也被画上了句号。

麦克阿瑟 | Douglas MacArthur

　　日本海军在战争中遭受了一次巨大的惨败，这是一场决定性战役。

丘吉尔 | Winston Churchill

　　这次胜利在美国历史中将受到长久珍视。除了英勇、技巧和胆量之外，它比我们所曾经见过的任何一次胜利对未来作战都产生更加生动、更深远的影响。

山下奉文 | Tomoyuki Yamashita

　　不让麦克阿瑟看到一个活的巴丹老兵。

★ 战争结果

　　战役中，日军伤亡和被俘人数达 45 万人；损失航母 4 艘、战列舰 3 艘、重巡洋舰 4 艘、驱逐舰 13 艘；损失运输船 42 艘，约 17 万吨；飞机 7000 余架，其中"神风特攻队"的自杀飞机 700 余架。美军伤亡 6.2 万人，损失航母 1 艘、护航航母 3 艘、驱逐舰 9 艘、护卫舰 1 艘、坦克登陆舰 2 艘和扫雷舰 1 艘；损失运输船 6 艘、约 6 万吨，飞机 900 余架。

★ 战役之最

a. 莱特湾海战是人类历史上规模最大的一次立体海战。b. 马尼拉战役是人类历史上最血腥的城市战。

c. 菲律宾战役首开大规模飞机"自杀"进攻的战争恶剧。

★ 作战时间
1944 年 10 月至 1945 年 7 月

★ 作战地点
菲律宾群岛及其附近海域。

★ 作战国家

★ 作战将领

美 国

美军由西南太平洋战区总司令道格拉斯·麦克阿瑟上将统一指挥，参战兵力为陆军第 6 集团军、第 8 集团军一部及特种兵部队共 28 万余人，由海军第 3、第 7 舰队和陆军第 5、第 13 航空队及澳大利亚航空队提供支援，共有飞机约 2500 架。

麦克阿瑟 | Douglas MacArthur

美国陆军五星上将，参加过第一次世界大战。1919 年任西点军校校长，1922 年赴菲律宾，任马尼拉特区司令。1925 年晋升少将，回国后任第 3 军区司令。1928 年任驻菲美军司令。1930 年任美国陆军参谋长。1935 年任菲律宾政府军事顾问，次年被授予菲律宾陆军元帅称号。1941 年 7 月任远东美军司令。1942 年任西南太平洋盟军总司令。

日 本

日军在菲律宾成立陆军第 14 方面军，由山下奉文上将出任司令，下辖部队包括第 35 集团军等，计 8 个步兵师、1 个坦克师、4 个独立混成旅，日本联合舰队的第 2、第 3、第 5 舰队和陆军第 4 航空军及海军航空兵提供支持。

山下奉文 | Tomoyuki Yamashita

日本陆军上将，1937 年日本侵华战争时任混成旅旅长，参加攻占南苑、廊坊、房山等战斗，并率部侵占北平。太平洋战争爆发时任第 25 集团军司令，指挥所部进行马来亚战役，被称为"马来之虎"。1942 年 7 月调任关东军第 1 方面军司令。1943 年晋升陆军上将。1944 年 9 月任第 14 方面军司令，率部在菲律宾吕宋岛负隅顽抗，直至日本战败投降。

★ 战争意义

菲律宾战役，不仅使日本的海空兵力遭到毁灭性的打击，并消灭了大量的日本陆军部队，而且将日本本土与东南亚资源地的海上运输线切断，使日本脆弱的战时经济雪上加霜。更为重要的是，美军可以以菲律宾群岛为基地，直接对日本本土发起攻击。美军取得此次战役的胜利，也为日后美国扩大在该地区的政治影响和保持在该地区的军事存在奠定了重要基础。

作战示意图 | 鏖战菲律宾

The Battle in the Philippines

▼ 1944 年 10 月 23 日至 10 月 26 日，在菲律宾的莱特湾海域，美日两军舰队展开激战示意图。

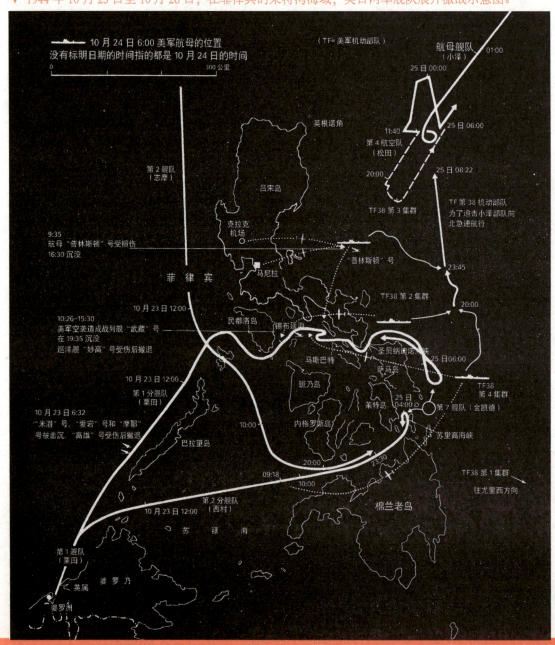

▼ 1944 年 12 月至 1945 年 6 月，美军收复菲律宾战役中进攻路线示意图。

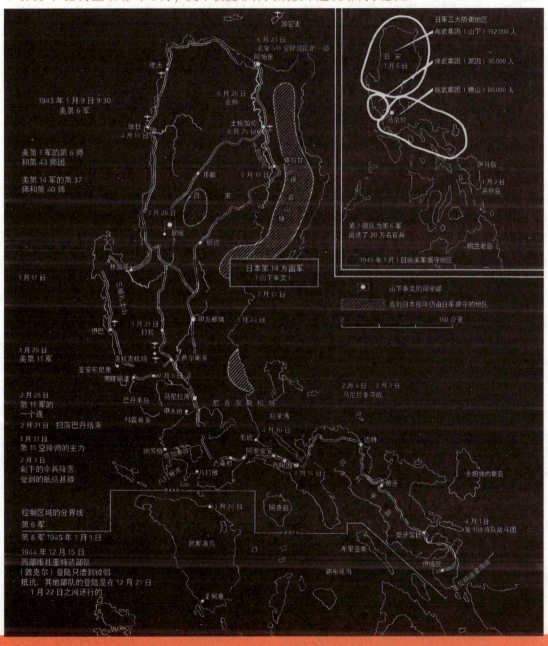

目 录 | 鏖战菲律宾

The Battle in the Philippines

第一章　更大的赌注

菲律宾是一个岛屿众多的国度。自北向南，宛如星星一样，洒满了西南太平洋茫茫一角。在这个美丽富饶的岛群上，无论你走到哪里，都很容易找到一望无际碧蓝的海水……

第二章　美军的耻辱

麦克阿瑟逃出巴丹以后，在澳大利亚建立了新的大本营。经过精心准备，两支世界上最强大的力量，犹如号角齐鸣般呼啸的狂风，横扫了西南太平洋列岛。就在麦克阿瑟即将……

第三章　日本海军的梦想

日本的胜利是短暂的。在强大战争潜力支配下，美国海军又重振雄风。经过中途岛海战等一系列战役，日本海军已所剩无几。面对失败，日本联合舰队进行了垂死挣扎，企图在西南太平洋……

第四章　疯狂的赌局

晚秋时节，萧瑟的秋风席卷着亚太地区。发生在辽阔洋面和星罗棋布岛屿上的大小战斗，宛如汹涌的浪潮此起彼伏，一浪高过一浪。在狂风巨浪般的争斗中，美军已占有明显优势……

第五章　莱特湾登陆战

　　1944 年 9 月 8 日，美军参谋长联席会议向美军西南太平洋战区司令部发布命令，确定 10 月 20 日为向菲律宾"攻击发起日"，并决定首先攻占莱特岛。莱特岛位于菲律宾最大岛吕宋岛……

第六章　进军吕宋岛

　　莱特岛失利以后，山下奉文就把防守菲律宾群岛的赌注押在了吕宋岛之战上。为此，他在该岛集结了 25 万日军和大量作战物资，并拟订了一个完善的纵深防御计划。对盟军来说……

第七章　重夺马尼拉

　　马尼拉是一座美丽的城市，正如帕西河畔的尼拉特花那样，闪着动人的光彩。即使在日军铁蹄统治下，也掩藏不住它的美。美军登陆之后，目标直奔马尼拉。马尼拉市郊已经隐约听到了……

第八章　滇缅作战

　　早在菲律宾战役发起之前，罗斯福就向英国、中国、澳大利亚和新西兰等国要求配合行动。英国从自己在远东的传统利益出发，发起了强大攻势；在中缅印战区，史迪威率领他一手缔造……

第九章　解放菲律宾

　　美军控制吕宋岛以后，开始了扫荡菲律宾群岛的计划。美军连连进攻，日军节节败退。胜利的消息一个又一个传来，菲律宾沸腾了，盟国沸腾了，日本"大东亚共荣"的美梦彻底破灭了……

第一章

更大的赌注

　　菲律宾是一个岛屿众多的国度。自北向南，宛如星星一样，洒满了西南太平洋茫茫一角。在这个美丽富饶的岛群上，无论你走到哪里，都很容易找到一望无际碧蓝的海水，连绵不绝的细软沙滩，逶迤险峻的崇山峻岭，苍翠欲滴的热带雨林。站在这样美丽的景色面前，你可能永远不会想到：历史上，菲律宾曾经是一片战火纷飞的岛群。

No.1 "十字架"上的岛

1519 年 9 月 20 日晨，西班牙塞维利亚城外港桑卢卡尔。隆隆的炮声送走了人类有史以来最奇异的远航。在船队最前面，一位踌躇满志的葡萄牙人迎风而立，他就是著名的大航海家——麦哲伦。

麦哲伦，1480 年出生于葡萄牙北部一个破落骑士家庭，年轻时曾跟随舰队出征，培养了对大海的浓厚感情。他尤其喜欢倾听那"鲸歌一般悠扬的召唤声"。后来，麦哲伦负伤回国，葡萄牙国王对他失去了信任，他被迫流落西班牙。西班牙塞维利亚城要塞司令非常欣赏他的才华，不仅把女儿嫁给他，还向西班牙国王举荐了他。西班牙国王对这位夸夸其谈的水手十分欣赏，对他寻找香料之国的能力更是深信不疑。他高兴地任命麦哲伦为海军上将、远航舰队的统帅，并任命他担任未来所发现的全部岛屿与大陆的总督。

1521 年 3 月 17 日，菲律宾萨马岛附近。

天刚蒙蒙亮，东方泛起了鱼肚白 。一群土著像往常一样，跑到海边捡拾贝壳。正当他们准备绕过一块高地，进入海滩的时候，他们发现了一生中从未有过的景象：一群红头发、蓝眼睛的水手正从 3 艘海船上走下来，乱糟糟地挤满了海滩，有些人已经上岸，最近的离他们才几米。前面的几个土著立时大叫了起来，红头发们则睁大了闪亮的眼睛。

这些土著们并未意识到，这几只小船的到来，改变了整个菲律宾群岛的命运。

1521 年 4 月 27 日清晨，马克坦岛。

初夏的一场大雨把马克坦岛装扮得异常美丽，但同时也带来了一场厮杀。

在马克坦岛海边的岩石后边，一批泰加罗人正密切注视着他们的"海外来客"。为首的是著名的菲律宾民族英雄拉普拉普。拉普拉普身材高大，头上缠着绷带，颧骨高挺，脸庞通红，上身半裸，背上挂着弓袋，手提一把大砍刀，在他后边站着一群虎视眈眈的勇士。

麦哲伦调集了 3 艘船，挑选了 60 名船员，全副武装，气势汹汹地向马克坦岛进发。他们在黎明前到达，首先上岸的是培德·维德拉莫神父和麦哲伦的马来亚奴仆亨利。维德拉莫向拉普拉普递上了由麦哲伦亲手制作的十字架。这是麦哲伦为宿务岛土著进行"洗礼"而专门制造的，他希望通过这种方式让马克坦岛的土著也像宿务岛一样服从西班牙王国和他的统治。

拉普拉普只是瞟了十字架一眼，严厉地说："我们是自由的种族，对此不感兴趣。"

维德拉莫似乎被眼前的阵势吓住了，他叽里呱拉地叫了一番，又挥手在地下胡乱地比划了几下，然后带着亨利连滚带爬地逃到了船上。

麦哲伦勃然大怒，开始向土著居民发动进攻。

拉普拉普早有准备，他预先在岸边丛林里埋伏了 1,500 名士兵，当麦哲伦一伙冲到近前时，标枪、利箭突然从四面八方射来。麦哲伦一伙死伤惨重。为了缓解进攻压力，麦哲伦命令几名船员去焚烧岛上居民的房屋。没想到，土著一看到自己的房子被烧，变得越发勇猛。两个烧房子的船员来不及逃脱，当场丧命。麦哲伦自己腿上也挨了一箭，只得下令撤退。

谁知船员们听说撤退，便抱头鼠窜，丢下麦哲伦和其他 6 人，直奔小船逃命。土著居民一拥而上包围了麦哲伦等人。一个土著刚想用标枪向麦哲伦刺去，可是麦哲伦先下了手，他把自己的长剑刺入了对方的胸膛。由于用力过猛，再加上右臂负伤，长剑一时无法拔回。就在这一瞬间，几个土著蜂拥而上，把麦哲伦砍翻在地。

麦哲伦，这位曾为全球航海事业做出杰出贡献的西方殖民先锋，在愤怒的泰加罗土著的刀枪下一命呜呼！

麦哲伦的死，为西班牙殖民者找到了绝好的侵略借口，大批西班牙军队随后蜂拥而至，菲律宾群岛最终被捆在了西班牙帝国的十字架上。

西班牙殖民者对菲律宾施行暴虐统治，这给当地人民带来了巨大的灾难。菲律宾近代爱国诗人何塞·黎刹曾在他的诗集里为此发出了愤怒的呼喊，他写道：

我要向全世界宣告并且反击在几个世纪以来对我们的诽谤、中伤……那些穿着宗教外衣的伪君子是怎样使我们陷于贫困，怎样对我们横施暴力。我们要辨别宗教的真伪，他们是怎样以迷信的手段假借神圣的名义向人民敛取金钱……政府的欺诈和迷惑的手段究竟为的是什么，我都要把它的真面目揭露出来。

黎刹，福建晋江华侨后裔。1861 年出生于马尼拉以南的内湖省卡兰巴镇，自小聪慧，品学兼优，通晓 22 种语言，曾到欧洲留学。18 岁时，他写了著名的诗篇《献给菲律宾人民》，号召青年要为菲律宾的光明未来而斗争。在马德里大学医学和哲学系毕业后，他怀着无限悲愤的心情写完了《社会毒瘤》和它的续篇《贪婪的统治》两本诗集，对教会的荒淫和罪恶，对殖民统治的黑暗和腐败，作了有力的揭露和辛辣的讽刺。

黎刹曾多次回国发动宣传斗争，并多次身陷囹圄。他的斗争，对鼓舞菲律宾人民奋起反抗殖民统治，发挥了巨大作用。在他的影响下，菲律宾掀起了著名的卡蒂普南运动。1896 年 8 月，巴林塔瓦克响起了革命的吼声，武装起义爆发了。

西班牙当局认定黎刹与起义有瓜葛，以所谓"叛乱、颠覆与非法结社"等罪名为借口，囚禁了黎刹。

12 月 30 日凌晨 7 时，黎刹面对马尼拉湾，在伦尼沓广场从容就义，牺牲时年仅 35 岁。临死前，他留下了不朽诗篇《我的诀别》：

方见天际破晓，我即与世长辞，

朦胧夜色已尽，光明白日将至；

若是天色黯淡，有我鲜血在此，

任凭祖国需要，倾注又何足惜，

洒落一片殷红，初升曙光染赤。

为了纪念他，菲律宾人民尊他为国父。

黎刹的死揭开了菲律宾人民大反抗的先声，汹涌澎湃的革命爆发了，西班牙的殖民统治处于风雨飘摇之中。

而此时，两个羽翼丰满的帝国都把目光投向了西班牙的海外殖民地。

这两个帝国，都是新手。一个是美国，一个是日本。

美国人抢行一步，占了先机。

在白宫档案里，压着两份关于菲律宾岛屿的报告和一份备忘录。

一份是国务院的一个专门调查委员会呈送的。报告说："马尼拉黄麻是制造绳索的佳品。从成本和耐磨质量考虑，没有别的东西能胜过它的。除菲律宾之外，其他地方都不出产这种东西。它的前途极大，所需要的就是资本。"

另一份是财政部官员向国务院提供的商业报告。报告指出："菲律宾是太平洋中的岸望台，它守卫着数亿人口的中国、印度支那和印度尼西亚的商业。若由一个强大的商业国家占领菲律宾，整个海洋运输的航道将可改观。"

麦金莱总统由此得出结论：美国在未来的胜利中不能把菲律宾群岛交还给西班牙，"因为那将是懦弱而卑鄙的"；美国也不能把菲律宾送给其他帝国主义国家，"因为那将是糟糕而失信的"；美国更不能对菲律宾撒手不管，因为菲律宾"尚没有能力进行自我管理"；除了全盘接管以外，美国别无选择。

看来，美国人对西班牙嘴里的这块肥肉是吃定了。

No.2 枪口下的"解放"

美国一直期望向西班牙发难，但是苦于没有良好借口。

1898 年 2 月 15 日晚，哈瓦那港。

港口一片宁静，只有海风轻抚着海面，发出优美的涛声。一座古老的灯塔俯瞰着海面，在摇曳的灯光下，隐约可见海面上几百条船只，那是西班牙为镇压古巴起义而派去的征讨舰队。

在静静的港湾里，不受西班牙人欢迎的美国"缅因"号巡洋舰停泊在海面上，甲板上的美国海军士兵正载歌载舞，喝酒说笑，享受着这宁静而又凉爽的夜景，来放松一下他们疲惫的身躯。

突然，"轰隆"一声巨响，"缅因"号剧烈地震颤了一下，顿时浓烟滚滚、火光冲天，整个军舰变成了一个火球。

官兵们不知发生了什么事情，高呼乱叫，四处逃命。有个军官还没有乱分寸，高声叫道："赶快救火！不要乱跑！"

可士兵们哪里听他的命令，不顾一切地跳到海中。

军官无可奈何，随手抓住身旁两个奔跑的士兵，命令他们去救火。这两个士兵只好从舱内拉出一条水龙，刚浇灭了一点，紧接着又是一声巨响，整条军舰慢慢的向右边倾斜，倾斜……

很快，"缅因"号载着266名来不及逃脱的美军官兵在西班牙舰队的注视下消失了。

"缅因"号事件成了美西战争的导火索。

2月25日，新上任的亚洲舰队司令杜威，接到了海军部发来的电报，要他立即驻扎香港，并指示："一旦美国对西班牙宣战，你的任务是掌握西班牙舰队在亚洲海域的动向，确保西班牙舰队不能离开亚洲海域，然后就在菲律宾群岛采取攻势行动。"

看完电报以后，杜威明白，战争已经不远了。

▲日本对中国的侵略拉开了其妄图称霸整个亚洲的序幕。
▼日本军国主义侵略的触角伸向了菲律宾这块美丽的国土。

4月23日，美西战争正式爆发，"解放"菲律宾的行动开始了。

5月19日，马尼拉港外，甲米地海面。

从远处望去，甲米地是马尼拉港周围最高的山坡。整个山势陡峭无比，宛如一簇簇卷发延伸到水里。在平静的海面上，杜威的舰队呈半月形排列，所有战舰都挂上了彩旗。"奥林匹亚"号横亘中间，几艘小艇正在来回穿梭。军乐队已经在甲板上排好了队形。水兵们并排站成两列，沿着甲板一直排到大厅。

舰桥上，杜威和他的几个舰长都穿上了礼服，他们在等待一个特殊人物的到来。

一会儿，远处出现了几个黑点。杜威拿过望远镜，定定地看了看，然后兴奋地说："他们来了！"身后的迎宾官立时转身作了一个手势，"奥林匹亚"号上立时响起了沉闷的鸣叫声，其他军舰也跟着吼了起来。水兵们赶紧恢复队形，笔挺地站在弦侧，背着手，形成了一道道威风凛凛的直线风景。

在徐徐驶来的美国军舰"麦卡洛克"号上，站着一位神态恭顺的菲律宾人，他就是菲律宾昔日的民族英雄，阿奎那多。在他身后，跟着他的几位战友。杜威专门派来的几艘警卫队小艇则在两侧缓慢跟进。

"麦卡洛克"号到达半圆中心的时候，海面上礼炮齐鸣。杜威和阿奎那多已经相互看清了脸庞。"奥林匹亚"号上响起了隆重而又热烈的迎宾曲。

阿奎那多一行穿过了舢板，杜威这边早早伸出了双手，兴奋挂满了脸上的每一块肌肉。"欢迎你啊，我们的老战友！所有美国官兵都盼望你的到来！"

"我也期待这一天，您是我们的大救星。菲律宾人民的命运离不开您！"

杜威一只胳膊挽着阿奎那多的胳膊，大声说："有我们的军舰在，西班牙人就没什么了不起，他们马上就要完蛋了！现在正是需要你的时候。"

"我们怎么办？请将军吩咐。"

"在甲米地建立司令部，指挥你的人在陆上进攻，我们从海上配合你的行动。等旧金山的志愿兵到了，我们就拿下马尼拉。到时，我保证菲律宾实现独立！"杜威拍着胸脯说。

"那我现在就发表独立宣言。"

"不急不急，你应当先招呼你的人起来革命，向西班牙殖民者进攻。"

"好，我马上办！"

第二天，阿奎那多对西班牙宣战。他宣布："所有菲律宾人都必须于1898年5月31日中午12时整，手执武器奋起反对西班牙。"

5月24日，他又发表了补充宣言，要求菲律宾人欢迎美国人。他说："你们无论在哪里见到美国国旗，就在哪里聚集起来。他们是我们的救星。"

菲律宾人响应阿奎那多的号召，到处举行武装起义，控制了整个吕宋岛，只剩马尼拉一座孤城。

1898 年 7 月上旬，马尼拉城外。

此时的马尼拉已陷于绝望境地。革命军已经断绝了这个城市同外界的所有道路，西班牙总督正准备逃跑。

这时，一直在马尼拉湾观战的杜威正如同热锅上的蚂蚁。他在日记中写道："菲律宾人正在逐步把西班牙人逼进城。在白天，我们可以望见他们的进攻，在夜晚，我们可以听见他们的枪声。他们打得很出色。但是绝不能让他们打进城去，如果那样，我们的努力将会白费，我们的希望也会落空。"

杜威看看火候已到，遂派代表告诉阿奎那多，请他暂时不要攻城，等美国陆军到达后，双方并肩作战，共同攻城。

考虑到盟友的关系，阿奎那多答应了这一要求。

7 月底，12 步兵团的 1 万名美国陆军分为几个梯队陆续抵达马尼拉。

一下船，司令官梅里特便发现革命军已在马尼拉四周筑好了战壕，纵横交错，密如蛛网，偌大一片郊外，根本没有美军立锥之地。

正在为难的时候，杜威来了。他找到了阿奎那多，说服他让出一部分战壕给美军，总算解决了这一令人尴尬的难题。

8 月上旬，马尼拉城内。

美军的到来给西班牙军队带来了希望。在进行了象征性的攻击之后，他们向美军投降了。

小亚瑟·麦克阿瑟的一支海军和洛林的一支陆军，大摇大摆地进入了马尼拉城。杜威和梅里特则通知阿奎那多不要进城，在城外听候消息。

一阵稀稀落落的枪炮声之后，菲律宾总督府的西班牙国旗徐徐降下，换上了美国的星条旗。随后，美军举行了盛大的庆祝仪式。

此时，被蒙在鼓里、对此一无所知的菲律宾军队却弄不明白城里究竟发生了什么。阿奎那多想冲进去，但遭到了美军警卫队的阻拦。面对马尼拉城堡上黑洞洞的枪口和城内的庆祝礼炮声，他明白自己被欺骗了。

菲律宾反对美帝国主义的战争爆发了。杜威、梅里特、奥蒂斯、麦克阿瑟先后成为屠杀菲律宾人民的刽子手。

1900 年，小亚瑟·麦克阿瑟以驻菲美军司令官的身份登场。

　　小亚瑟·麦克阿瑟，是大名鼎鼎的道格拉斯·麦克阿瑟的父亲。他自幼渴望成为一名勇敢的军人。十几岁时，便成为美国内战时期的尉官，在不满投票年龄之前就指挥过一个团作战。

　　从外表看，麦克阿瑟风流倜傥，但在作战中他却凶狠无比，同时善于运用诡计。正是这个原因，陆军部选择了他，期望他能改变菲律宾的糟糕局面。

　　他一上台，便采取了与前任截然不同的策略，以"更为强硬的政策"来对付游击队。他把游击队员送入集中营、流放或处死；授予指挥官广泛的"报复"和"屠杀"权；大量招募亲美菲律宾人，充当耳目和走狗；加强海上巡逻，切断起义军在岛屿之间的通信联络和海外武器输入的途径；更为厉害的是，他在政治上采取"攻心战术"，授意一批亲美分子组建菲律宾联邦党，与阿奎那多领导的独立运动相对抗。

　　麦克阿瑟抛出的这几手"撒手锏"果然厉害，菲律宾抵抗运动在美军的屠杀政策下遭到了重创，阿奎那多也被俘"投诚"。美国人怀着极端沙文主义的喜悦欢呼这一"胜利"。

就在菲律宾独立运动陷入低潮之际，另一个帝国主义国家——日本，开始"同情"并"援助"菲律宾人民的解放事业。

1899 年 7 月 19 日，一艘载着大批日本军火的船只离开名古屋前往菲律宾的卡西古兰。当这艘船驶至台湾海面时，突然遇到了台风，包括 1 万支穆拉塔式步枪和 6 百万发子弹的物资沉入了海底。

"援助"计划破产了，但日本却为此卧薪尝胆近半个世纪。

No.3 "东亚共荣"起狼烟

20 世纪 30 年代中期，日本确定了"南进"国策，准备对美国的太平洋霸权提出挑战。

中国的抗日战争进入相持阶段以后，"南进"成了日本帝国主义、军国主义起死回生的唯一途径。

1941 年 10 月 17 日，日本东京御前会议厅。

10 月的天气还十分炎热，但是会议厅里的气氛却像冬天。参加会议的帝国决策者们一个个神情严肃，面面相觑但又心照不宣。他们知道，这次会议本身就是一场赌博。

当时针指向 9 时整，会议准时开始，内大臣木户幸一担任主持，议题是对美开战问题。

若　　　　　　　　　首先发言："我们对向美开战的胜算感到担心，没有比这更危险的了。当真打起来，后果很难设想。"

米内说："就海军而言，如果日、美交战。就是说，日、美舰队如果以太平洋为舞台打起仗来，可以打胜。但是具体时间，说不准。"

广田说："我认为正因为处在中国事变之中，即使在政治方面，也必须以大本营的意图为中心。"

内大臣跟着发言："当然，因处在战争时期，军部的意图是重要的。特别是面临诸如国家命运攸关的问题，陆、海军应取得完全一致的意见，这是国家当前最低限度的要求。"

阿部看了内大臣一眼，背台词般一字一顿地说："与其说是人的问题，不如说，现在必须要有某种力量。"

广田挥起拳头，说："必须要以陆海军作后盾。"

冈田一边点头一边说："必须要有能够统一陆海军的人。"

广田把目光投向内大臣，轻声轻气地说："有没有必要问一下大本营的愿望呢？"

内大臣脸都没抬，说："是的！"

若槻说："我自己认为，皇上下命令让东条英机陆军大臣组阁为好。当然，要收拾时局时，必须以陆海军一致和重新研究御前会议的决定为基础。因此，如果对于陆相来组阁这一点抱有疑问，那么，请主张慎重论的海相来担任，这也是一种方案。"

冈田和米田都认为："在这个时候，由海军出来组阁，是绝对不行的。"

币原插话说："内大臣的方案，不能说太令人满意，但因为没有别的方案，大概只有先实行这个方案。"

内大臣最后说："各位的意见现在已经很明确了，我准备详细上奏，由皇上裁决。"

这样，御前会议在木户幸一的操纵下，把战争狂人东条英机推到了台前。

东条英机，1884 年 12 月出生于东京一个武士世家。他的父亲东条英教是创造日本陆军的"有功之臣"。东条英机在其父的"熏陶"下，从小就在灵魂深处埋下了军国主义种子。1905 年，东条英机从陆军士官学校毕业后参加了日俄战争；1915 年，进入陆军大学深造，毕业后成了军部法西斯统制派的重要成员。此后，东条英机官运亨通，先是担任陆军次官兼任陆军航空本部部长，后调任航空总监。他对航空技术是门外汉，但为了表示对技术人员和飞行人员的信赖，经常"勇敢地进行空中旅行"。

1940 年 7 月，57 岁的东条英机当上了日本内阁的陆军大臣。他接过天皇佩刀说的第一句话是："我要粉身碎骨以向克服艰难时局迈进。"当天深夜，他参拜了供奉着在中国战场死去的"皇军将士"的神社。

1941 年初，东条以"今年正是非常时期中的超非常时期"这番话为引子，炮制了著名的"战阵训"。他要求日本军人要为"在战阵中盛开鲜艳之花"而"灌输养分"，要"攻必取，战必胜"，"发挥服从精神"，"命令一下，欣然投身于死地"；要求日军"生活务期简朴，不自由应思为常事"，"纵令有遗骨不归之事，敢于毫不为意"；还应"勿嫉他人之荣达，勿怨己之未被重用，应顾而思己诚之不足"，只管卖命，"作国民之模范"。东条英机这一充满法西斯精神的"战阵训"，曾被一些人吹嘘为"国民训"，从而提高了东条英机的身份和地位。包括木户幸一等在内，都把东条英机看成是日本的战神，期望通过他来完成日本军国主义的"圣战"大业。

东条英机上台后，一捉刀就是一个大手笔，敢冒天下之大不韪，发动了太平洋战争。

1941 年 12 月 8 日，日军偷袭珍珠港。恰在这一天，以东条为总裁的法西斯军国主义组织"大政翼赞会"召开第二次中央联合会议，身穿军装的东条在会上说："对美国和英国宣战的诏敕业已颁发"，"希望各位火速回到各自的岗位去，要在各自的岗位上指导国民，为突破艰难而勇往直前。"

东京的战鼓已经擂响。

而远在几千公里之外的马尼拉美国远东陆军司令部里，却一片祥和。

道格拉斯·麦克阿瑟正在阳台上悠闲地踱步，嘴里衔着那支象征性的玉米芯大烟斗，小心翼翼地避开儿子布满橡皮玩具的浅小塘，突然电话铃响了。

"麦克阿瑟将军，日本偷袭了珍珠港，你那里可要注意，日本人离你那儿很近。"电话是陆军部作战计划处处长伦纳德·杰罗将军打来的。

"告诉乔治（马歇尔）不用担心，这里没有问题。日本人对菲律宾的进攻，至少要到明年4月。而我这里是入了双保险的。哈哈！"麦克阿瑟乐观地答道。

珍珠港的坏消息似乎并没有打消他那欢快的脚步。他太高兴了，像孩子般合不拢嘴。因为参谋长联席会议此前刚刚同意了他对"彩虹5号"计划的修改方案，并声称一旦日美战争爆发将优先向他提供340架轰炸机。这足以"改变亚洲地区的整个面貌"。

麦克阿瑟受到了巨大鼓舞。他要让国内那些反对他的人看一看，看看他的这一"杰作"，看看他的进取精神，看看他的军事才华，看看自己是怎样在危机面前临危不乱，而又做出这样大胆的判断和部署的。

想到这里，麦克阿瑟就为自己感到无比骄傲和自豪，仿佛又回到了年轻时代。他悄悄地走进书房里，习惯性地拿起他母亲的《圣经》，亲吻了一下，读了一两分钟，然后开始祈祷。

▼ 1900年，小亚瑟·麦克阿瑟（左二）出任美军驻菲司令官。

正当麦克阿瑟为将得到他所要的东西而欢呼雀跃的时候，出乎意料的是，日本人在他拥有这些力量之前发动了进攻。

12月10日上午，吕宋岛克拉克机场。

整个机场一片繁忙。

远东空军司令刘易斯·布里尔顿正在为这些飞机的使用感到烦恼。他对日本人轰炸珍珠港十分愤怒，希望用手头的这些飞机对台湾发动报复攻击。但是这一大胆想法一直没有得到批准。

"准备，准备，要准备到什么时候！"他忿忿地骂道。显然，他对司令部的部署感到不满。

8时，吕宋岛西海岸的一部雷达发现日军飞机，警报拉响了。布里尔顿命令18架B-17轰炸机紧急起飞。飞机升空后一直盘旋，大约10时至11时间，飞机返回机场。只有3架飞机正在忙碌地安装照相机。与此同时，克拉克、伊巴和其他机场的P-40整个上午都在忙于紧急起降。许多飞机正停在地面进行加油和维护保养。

正午时分，克拉克机场的雷达屏幕上突然出现了蜂群般黑点。观察员全都聚集过去，"天哪！日本人的飞机！"登时，这些人一个个面如土色。他们知道，此刻，美国的飞机正整齐地排列在克拉克和伊巴机场上，飞行员们正在用餐。一切都已经来不及了。

警报刚刚拉响，日本飞机就蜂拥而来，不到几分钟功夫。整个机场就变成了一片火海，不久前还在空中盘旋的飞机，一刹那间竟成了一堆废铜烂铁。停在克拉克和伊巴的全部18

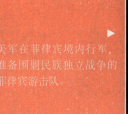

◀ 战争狂人东条英机。

▶ 美军在菲律宾境内行军，准备围剿民族独立战争的菲律宾游击队。

架 B - 17 和 72 架 P - 40 中的 55 架飞机遭到了灭顶之灾。

日本对菲律宾的进攻由此拉开了帷幕。

No.4 菲律宾的陷落

空军遭受致命打击以后，美国亚洲舰队也放弃了参战计划，向南逃逸。保卫菲律宾的重任完全落到了麦克阿瑟率领的远东陆军肩上。

12 月 24 日，麦克阿瑟通过无线电向部队下达了执行"彩虹 5 号"计划的命令。

圣诞夜傍晚，菲律宾马尼拉饭店。

日军正兵分两路，杀向马尼拉。市中心已隐约听到了枪炮声。

夜色渐渐暗淡了下来。马尼拉市笼罩在一片薄薄的黑纱里，一点也看不到节日的气氛。空中乌云滚滚，天边偶尔亮出几片闪光，不知是弹光还是电闪。马路上黄包车夫在朦胧中拼命奔跑，住户的门紧闭着，稀稀落落有几盏灯光。远处耸立着死一般沉寂的圣地亚哥古堡。黎萨公园和静谧的帕西河之间，西班牙人建立的古堡也黑压压一片，压得人喘不过气来。富丽堂皇的圣萨巴斯第安教堂也失去了往日的光彩，只有三层主教的灯光微弱地亮着，在炮火的抖动中不住地摇晃，整块铁结构也跟着摆动起来，突然一声惊雷，教堂的灯光熄灭了，马尼拉陷入了寒冷的黑暗和恐怖的炮火中。

马尼拉饭店楼顶房间里，麦克阿瑟夫人琼、管家阿珠和副官锡德尼·赫夫正在收拾行装。

需要带走的东西太多了，家具、银具、瓷器、衣物和书房里的8,000册书。琼收拾起一个箱子，里面装的大部分是食物和阿瑟的衣服以及一些家庭照片。最后，她从一个玻璃盒中取出麦克阿瑟的勋章和奖章，卷进一条毛巾里塞进了箱子。赫夫拾起阿瑟的三轮童车。阿珠拎起箱子，琼拉着儿子，四人急匆匆地进了楼梯。走到一半，赫夫突然想起了什么，放下车子又跑回楼顶，一会儿，他背着麦克阿瑟的科尔特45型手枪，拿了一顶旧的软式战斗帽和一瓶苏格兰威士忌酒，冲了下来。

麦克阿瑟正在一楼大厅等候，他来回踱步，不时抬头看看壁钟。他换了一身军装，空军夹克和陆军元帅帽已经放到了手提包里，只有墨镜和大玉米芯烟斗还在脸上。

不一会儿，一辆豪华轿车驶进了饭店，服务员迎上去一看，吓了一跳，原来是奎松总统。随后，又驶来几辆车，从车上跳下一大群男男女女，他们是菲律宾政府的官员及眷属。

当琼和副官把大包小包拎过来的时候，麦克阿瑟似乎非常生气，指着这些箱包说："只留生活用品，其余统统扔掉！"琼正要说什么，奎松走了进来，麦克阿瑟眼前一亮："你来得正好！还有其他人吗？"

"有。都是我的老部下，他们都在外面候着。一切听您吩咐。"

"好，我们去科雷吉多尔。"

科雷吉多尔是一个面积只有7平方公里的蝌蚪形岛屿，像一个瓶塞坐落在马尼拉湾入口处，距离北面的巴丹半岛只有3公里。岛上山峦起伏，隧道纵横，部署有驻军和战炮。只要守住这个小岛，日军就无法通过和利用马尼拉湾。

▼ 美军正向巴丹半岛撤退。

1942 年 2 月 21 日，科雷吉多尔岛马林塔隧道。

位于小岛最高山丘的营房已被日军的轰炸机夷为平地，迫使麦克阿瑟不得不把司令部转移到山脚下靠近岸边的这条隧道中。这是一个简易司令部，位于隧道的一道弯中，在岩石中凿得很深，原来是一条市内有轨电车路线的终点。另有一些通道从岩石中开辟出来，被安排为医院的病房、贮藏室和弹药库。司令部几乎是空的，灯光耀眼，只有一些办公用的必不可少的家具和设备。

在这里，麦克阿瑟像一头关在笼子里的狮子，不停地来回踱步，不停地向战地指挥官们下达命令，有时候则突然吼叫起来，有时候又一个人自言自语地骂，既骂日军，也骂美国那些坐在屋子里发号施令的人。

"他们全都是一群狗杂种。什么大西洋优先？那些欧洲笨蛋，关键时候就拉稀。白白耗费美国纳税人的钱，现在倒好，不光费钱，还要献出美国青年的宝贵生命。我不明白我们在那儿有什么利益？他们根本是无知！菲律宾才是对我们最有价值的地方。"

"他们嘴上说得妙极了。什么只要战争爆发，美国的军舰和军队就会源源不断地开来！这些都是骗人的鬼话！部队在哪儿？援兵在哪儿？"

麦克阿瑟一时难解心头之恨，恰巧空袭警报响了，他和一名副官立即穿过挤在主要过道中寻找隐蔽的人群，到外面去观察敌人空中编队的情况以及美军在巴丹的作战情况。

他爬上一片高地找到一棵大树，然后举起望远镜向巴丹阵地望去。

首先映入眼帘的是第一道防线，阿布凯防线。这条防线跨越沼泽地和纳蒂布山。麦克阿瑟甚至看清了战士们的脸庞。第二道防线是马里韦莱斯山防线，他看到了日军盘旋的飞机和火炮的落点。面对眼前的一切，他痛苦地闭上了眼睛。

他决定到巴丹防线上去。

第二天，阿布凯防线。

士兵们以极大的热情欢呼总司令的到来。他们又看到那熟悉的"炒蛋式"破军帽，他们聚集在麦克阿瑟的周围，拍着司令的背，大声叫着"麦克阿瑟"，唱起了自编自演的歌。

我们是巴丹的弃儿郎，没有爹没有娘，山姆大叔也不知去向。

无亲朋，无依靠，没有枪来没有炮，无人过问无人要！

唱完之后，他们咧嘴嬉笑。麦克阿瑟也不介意。他所做的只是说上一句连自己都不相信的宽慰话："援助正在途中，我们必须坚持到援军的到来。"他知道，没有人相信他的鬼话，但他必须这样讲，战士们也不反驳他。

部队因为总司令的巡视受到了极大震动和感染，然而这支部队毕竟是强弩之末。麦克阿瑟知道巴丹陷落已经是迟早的事情。但这里的战士却永远留在了他的记忆中：

这些战士明显消瘦了。他们的衣服像扯碎了的破布似的挂在身上。有的赤脚趴在战壕里。他们长长的头发衬托出憔悴的毫无血色的面孔。他们不求饶，也不饶人。他们——这些粗野的人——不像一只被打中的柔和的鸽子那样敛起它的双翼安详地悄然逝去，而是像一只被困的受伤的狼那样，轻蔑和威胁地翘着嘴唇顽强地死去，而且总是有一只失去知觉的手伸出去拿那把他们很早以前就已经用来代替刺刀的长长的锋利的大砍刀。当埋葬他们的时候，会有一条挂着十字架的肮脏带子围着他们的脖子。他们是污秽的，他们有虱子，他们身上发臭。但是，我爱他们。

麦克阿瑟很快接到了最坏的消息。陆军部长史汀生沮丧地打电话告诉他："人总有死的时候。"这实际上等于宣判了麦克阿瑟及其部下的死刑。麦克阿瑟没有把这一消息告诉任何人。而是发布了一道命令："美国的援助正在途中。数以千计的兵员和数以百计的飞机正在调运……我们在巴丹的部队比进攻我们的日军要多得多……我们战斗，就会胜利；我们撤退，就会毁灭。"

麦克阿瑟为他的谎言而感到不安，甚至不敢再去见他手下的官兵，以免处于一种尴尬的境地。而饥肠辘辘的士兵们对他的这些谎言早就看破了。他们用粉笔在钢盔上划上"V"字，不是代表"胜利"（Victory），而是代表"炮灰"（Victim）。

巴丹的绝望情绪正在滋长蔓延。他们知道，自己被抛弃了。

麦克阿瑟也没有办法，他所做的只剩下动员自己了。

"我要在巴丹和科雷吉多尔岛战斗到底，直至毁灭！"

但华盛顿经过慎重考虑，决定撤离麦克阿瑟等人。

麦克阿瑟同意把菲律宾总统奎松及其随员送走。他跟琼进行了商量，决定："我和我的家庭将与守岛部队共存亡。"

他拿出一支巴掌大的小手枪给副官赫夫看。这是一支他父亲在菲律宾时的手枪，但没有这种子弹了。赫夫搜遍科雷吉多尔岛，才找到两粒合适的子弹。

"谢谢！这样他们就不会把我和琼活捉了。"

做出了这样的决定后，麦克阿瑟感到十分解脱。他感到妻子的伟大。在最困难的时刻，是她支持了他，与他坚持到底，同甘共苦。

奎松知道麦克阿瑟的态度后，搭乘潜水艇撤离的一刹那，不禁热泪盈眶。他从手指上脱下自己经常戴的图章戒指给麦克阿瑟戴上，几乎泣不成声："当他们找到您的尸体时，我要他们知道您是为我的国家战斗的。"

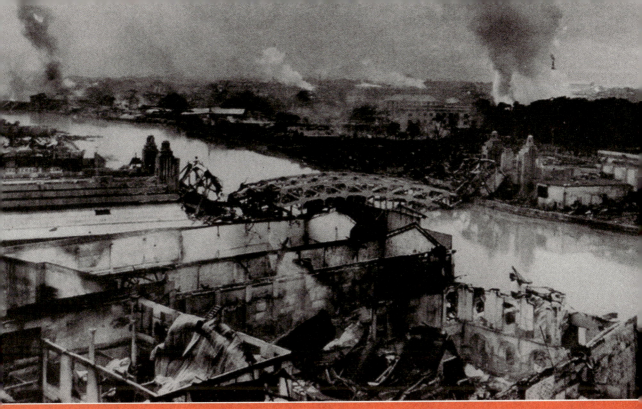

2月22日，罗斯福向麦克阿瑟直接下达撤离科雷吉多尔岛的官方命令。

3月11日晚，科岛南码头。

黑夜已经来临，海水被微弱的夜风吹起细纹。由四艘鱼雷艇组成的小舰队已经开启引擎。

麦克阿瑟正在同温赖特将军拥别。麦克阿瑟把最后一包香烟和两瓶刮脸膏作为告别礼物送给他，并嘱咐："如果我能到达澳大利亚，你知道，我会很快回来的，尽量多带些东西回来。在此期间，你要守住。"说完，他转过身来向科雷吉多尔岛作最后的告别，然后转身登上了巴尔克利的41号鱼雷快艇。

岸上的人眼睛一动不动地望着，麦克阿瑟和其他人挥起了军帽，所有的话语都让沉默代替了。恰巧，敌人的射击也停止了，寂静已经降临。鱼雷艇编队越开越远，慢慢消失在海天里。

6天以后，从澳大利亚传来了振奋人心的好消息。麦克阿瑟突破了日本人的封锁，安全到达目的地，并发表了著名的谈话新闻。麦克阿瑟宣布：

就我所知，美国总统命令我冲破日本人的防线，从科雷吉多尔岛来澳大利亚，目的是组织对日本的进攻，其主要目标是解放菲律宾。我脱险了，但我还要回去。

"我还要回去"，成了第二次世界大战中的一句名言和鼓舞士气的战斗口号。它被写在海滩上，涂在墙壁上，打在邮件中，诵进祷词里。

第二章

美军的耻辱

麦克阿瑟逃出巴丹以后，在澳大利亚建立了新的大本营。经过精心准备，两支世界上最强大的力量，犹如号角齐鸣般呼啸的狂风，横扫了西南太平洋列岛。就在麦克阿瑟即将实现他那"我还要回去"的誓言，恢复他的"独立王国"的时候，一个新的作战计划把他蒙在了鼓里。麦克阿瑟要据理力争，为自己的荣誉和尊严而斗争。

No.1 积蓄力量

1942年3月20日，澳大利亚南部海岸，阿得雷德港。

这是一座十分典型的欧式城市，人们的生活节奏轻快而又安逸，全然不像纽约那样匆忙而又慌乱。城市的四周是成片成片的森林。万绿丛中，珠光宝气的女人在大街上四处招摇，从大街的一角望去，蔷薇花瓣帽、粉红网罩帽、头巾式无边帽，五颜六色，令人眼花缭乱。港口的宾馆里热闹非凡，来自澳大利亚各地和美洲的记者，都想抓住这一历史性机会，以名人来使自己出名。

随着列车从远方驶来，站台上人头攒动。列车还没有停稳，记者们已经冲上了火车。治安警排成两队，从车门口两边开始分人，几个上车的记者被轰了出来。然后，麦克阿瑟和琼先后出现在车门口，所有的目光和镜头都对准了他。

麦克阿瑟从来喜欢这种场面，他摆好了惯用的姿势，以胜利者的面貌出现在公众面前。此时，他尚不清楚，意大利的报纸正在用"懦夫"来形容他，日本人则称他为"逃兵"，德国的画报则用一幅"脚底下抹油的将军"来讽刺他。他挥动手臂，大声说："我出来了，但是我还要回去。"可能麦克阿瑟一生中只说过这样一句朴实的话。而就是这句话，最终被载入了史册，并成了千千万万人熟悉的语言。

细心的记者发现，在这个讲话中，麦克阿瑟使用的是"我"而不是"我们"。这句话引起了巨大的争议。喜欢他的人认为，这是一句充满信念的鼓动口号；而不喜欢他的人则认为，在这样的场合，以这样的话来突出个人，是一种傲慢和狂妄，是华而不实，虚伪，好大喜功和自我标榜。也许，他的部下们对这句话的解释是最有权威的：将军的"我"代表的是"我们"。

麦克阿瑟充满了激情，他的眼里露出了希望之火："从今天，即1942年3月20日星期五起，我们在太平洋上的连续失败已经进入尾声了，强大的盟国的力量一定会冲过太平洋，最终打败敌人，彻底消灭日本帝国。"

人群沸腾了。麦克阿瑟的声音传遍了从澳大利亚的沙漠林屋到纽约大街贫民窟的每个角落。麦克阿瑟虽然是巴丹败军之将，但在国内却是能够力挽狂澜的英雄。人们没有过于纠缠他在菲律宾的失败，而是极力描述他如何打响了反击日本人的第一枪。正是他的这一"大胆"行为，为美国赢得了时间，树立了信心。正因此，一股强大的"麦克阿瑟热"席卷了整个英语世界。美国参议员们建议把6月13日命名为"麦克阿瑟日"，以纪念他1899年的这一天考入西点军校。国会以253票的压倒多数通过了授予麦克阿瑟荣誉勋章，连历届美国总统也没有获得过这种创记录的票数。当罗斯福选择威廉·李海上将当他的首席军事顾问时，《时代》周刊愤愤不平地指出："要是老百姓投票的话，责无旁贷的是麦克阿瑟。"一向板着面孔的《纽约时报》也改变了以往程式化的理性模式，称麦克阿瑟"混合了好莱坞塑造的忠实士兵理查德·戴维斯的理想主义色彩。"《民族》杂志也不甘落后，在杂志扉页上写道："国民对领导人最钦佩的心理素质，就是'将军'那样的斗士性格。"新闻界则把他奉为伟大的统帅，对他在那样的环境中竟有"如此广阔而深邃的洞察力"，竟能"如此激发和领导他的士兵前进"不胜惊讶。澳大利亚本地报社的积极性也被充分调动了起来：它们用头版整面篇幅刊登了麦克阿瑟的头像。麦克阿瑟在伦农旅馆办公室的电话号码是 B－3211，任何公民有兴趣拨打这个号码，接线生会彬彬有礼地回答："哈罗，这里是巴丹"。《纽约太阳报》记者发自伦敦的专访消息说："自从电影明星瓦伦丁诺之后，还没有哪一个人像麦克阿瑟那样家喻户晓，伦敦报纸动辄把他比做纳尔逊和德雷克。"连苏联《真理报》和《消息报》也在头版显赫地位发表评论员文章，说麦克阿瑟"像苏联士兵一样勇敢。"

但是，麦克阿瑟还有一个巨大的用处，直到战争结束，麦克阿瑟才发现自己的这一妙用。原来，美国商人们发现，一些家长喜欢给自己的孩子起名为"麦克阿瑟"，因为这个名字是勇敢和胜利的代名词。他们灵机一动，推出了款式新颖的"麦克阿瑟服""麦克阿瑟蜡像""麦克阿瑟牌甜豌豆""麦克阿瑟牌铁锁"等商品。一些建筑师和经纪人也愿意冠用这一称呼，一时间，"麦克阿瑟大桥""麦克阿瑟水坝""麦克阿瑟大厦""麦克阿瑟歌舞晚会"等等，不胜枚举。连富兰克林·罗斯福总统也发表演说，祝贺他胜利突围、荣任新职，称他的突围成功"将拉开美国反攻的序幕"。

然而，麦克阿瑟能实现他反攻菲律宾的宏伟诺言吗？

战争中的鲜花虽然货真价实，但麦克阿瑟很快发现，事情原来不像他想像的那样简单。他来到澳大利亚，原本想找到一支强大的陆军和空军，然后率领他们打回菲律宾，解救被围困在巴丹和科雷吉多尔的部队。但他所看到的却是另一番景象。澳大利亚能够征战的青年已经开往北非打仗去了，只有 3 万民兵可供调遣。但是，这些人中好些人连枪也没正经摸过。只有 150 架破旧飞机，而且大都已经老化，不用说参战，就是飞上天空，也勉为其难。海军有 6 艘重巡洋舰和轻巡洋舰，是英国及美国从菲律宾逃出来的乌合之众。

麦克阿瑟开始失眠。每天晚上，他总是睡不了几分钟就醒来。他的负担太重了，他是西南太平洋战区的司令官，统帅在这个地区的盟国部队。他没有海军，也没有空军，仗该怎样打？连他心里也没有底。那么，在公众面前许下的豪言壮语该怎么办？什么事情都是说起来容易做起来难。麦克阿瑟向来自诩他的一张嘴巴能顶 5 个师，这回能不能圆满收场，只有上帝知道。

　　麦克阿瑟到来时，澳大利亚的防御已形同虚设。澳大利亚曾部署了两道防线。第一道防线是"布里斯班防线"。布里斯班在墨尔本东北 1,100 公里的海岸上。如果在此设防，等于把澳大利亚北部拱手送给日本人。即使是在那里设一条防线，但令麦克阿瑟感到奇怪的是，整个澳大利亚竟没有一辆坦克！

　　看到这，麦克阿瑟想起了巴丹，想起了他的部队，想起了他那得心应手的指挥系统，他那精良的武器装备。这一切，全都丢在了菲律宾，正被日本人运到伊里安岛，炮口正对准澳大利亚。他从地图上找到巴丹，在从巴丹通往马尼拉的道路上，他仿佛看见，在日本兵的刺刀下，长长的美军战俘的队伍，耷拉着脑袋，双手抱住后脑勺，往战俘营行军，在敌人的凶残面前，他的部下正因失败而屈辱，因恐怖而绝望。麦克阿瑟也感到万分苦恼，星条旗的荣誉在哪里？美国陆军的荣誉在哪里？这是自 1776 年以来就没有打过败仗的军队！而失败的耻辱，落在了他的身上。一股痛楚咬噬着他的心，一种无能为力的感觉麻痹了他的神经，他从来没有像现在这样软弱过。

　　经过几天的失眠之后，麦克阿瑟决定，他的司令部将从墨尔本前移至布里斯班。

▼ 20 世纪 30 年代，艾森豪威尔（麦氏身后者）作为麦克阿瑟的副官来到菲律宾。

▲ 麦克阿瑟将军在墨尔本受到热烈欢迎。

布里斯班的伦农旅馆，既是他的住所，又是西南太平洋总司令部。

伦农是布里斯班最豪华的地方，不远处就是群山、荒漠和大海。

下榻的当天夜晚，麦克阿瑟洗过淋浴，擦干身体，用一条印着南极山毛榉图案的毛巾裹住下身，躺在柔软的席梦思床上。若大的大厅，他怎么看，怎么觉着别扭。这么漂亮的房间，竟没有一样像样的家具！有的全是一些笨重粗俗、颜色搭配不当、高低比例不协调的二手货，装饰品没有一件是珍品。这一点可骗不过麦克阿瑟的眼睛，他虽然是军人，但他的收藏眼光是一流的，只可惜由于日本人的战火，他的收藏品都留在了马尼拉，否则他可以有一个自我欣赏和清静的地方。

约一个小时以后，在厅中央的藤椅里，麦克阿瑟已经起来了，他正借着落地灯光，翻看案头堆积如山的文件和报纸。他处理掉几件最紧急的军务之后，拿了一份报纸，认认真真地读起来。他关心政治是出了名的，有人曾说如果他以前竞选总统，未必占下风。正是由于他的才华出众，所以在美国政界，有很多人在贬低他，嫉妒他，给他小鞋穿。对这些，他毫不在意。

他站起身，走向窗边，拉开厚重的天鹅绒幔帐，凭窗远眺布里斯班一片辉煌的灯海。黄色、白色、彩色的霓虹灯光投映在墨黑的海湾里，和天上的群星交相辉映。在作家的笔下，布里斯班是"小迈阿密海滩"。其实它同佛罗里达州的迈阿密有着天渊之别。这里空旷宁寂，地盘大得使人乏味，有纽约那么大的地方只住了四五十万人口。一条蚯蚓似的弯弯曲曲的小河穿城而过。城市没有规划，只图方便地建起了一条条格子式的、狭窄的、维修不善的道路。东一堆西一堆随心所欲地盖着高跷式的老房子。大部分建筑是波纹铁皮盖顶，挂着格子帘的意大利文艺复兴时代的老建筑。1/4 的本地人信奉罗马天主教。在高高的教堂里，管风琴奏出的圣歌时时可闻。

这一切，使它几乎成了人间仙境。当欧洲和亚洲被黑暗笼罩时，这里灯光却是那样迷人，酒吧间里啤酒鬼们的喧闹声、市政厅附属音乐厅悠扬的管风琴声和别墅里本地人无忧无虑通宵达旦的聊天跳舞，使它当之无愧地居于伦敦、巴黎、柏林、莫斯科、重庆、罗马、华沙、奥斯陆、哥本哈根之上，与那些城市相比，布里斯班没有灯火管制，也没有邓尼茨潜艇的海上攻击。在战争的旋涡中，这里则是例外的人间天堂。

布里斯班象征着和平。在没有和平的年代，和平的珍贵成为人世间最美好的东西。由于和平是用鲜血浇灌的，所以，麦克阿瑟对和平有着天然的职业感受。他想起过去在菲律宾的日子。他和他的父亲、妻子、儿子，在明朗的天空下，在美丽的马尼拉，那种美好是无法言表的，他只感到短暂的享受。现在与之恍别的时候，他才想起它。与那种短暂的时光相比，占据他脑海的，满是巴丹的炮火与飞烟。而一想起这，麦克阿瑟仿佛被触动了那根最敏感的神经。他的眼睛开始肿痛，内心在翻涌，喉头也在呜咽，全然丧失了昔日的狂傲，变得十分悲伤。对他而言，菲律宾造就了他，也改变了他，使他成了一个矛盾体。

这种改变也影响了他的部下。从他的参谋长到他的副官，都变得十分苛刻起来，以至于有些事情显得不近人情。但是，最坚强的人又往往是脆弱的，尤其是麦克阿瑟，在他威严的外表下，在他的灵魂深处，有一个孤独、幻灭、自责、痛苦的影子。他常常自叹命运对他如此不公，即使逃出了菲律宾，还要让他承受如此困苦。看来，他的一切，荣辱、成败、兴衰，似乎全都押在了这群 420 年前被葡萄牙人麦哲伦发现的海岛上，而何时才能彻底摆脱这种糟糕的状况呢？

现在，他手里一点儿力量也没有。没有步兵，没有舰队，没有飞机。他凭什么打过从布里斯班到马尼拉这 8,000 公里天空、海洋和岛屿呢？如果他不能打回菲律宾，历史将把他变成一个可怜可笑又可悲的小丑。

▲ 美国海军两位赫赫有名的将领：右为金海军上将，左为斯普鲁恩斯将军。

　　而此时，在北非战场，以前在麦克阿瑟手下效力的一名年轻军官，比他晚进西点军校整整五年，具有英国血统的一名校官，小乔治·巴顿，正率领大军所向披靡，登陆北非，出奇不意，使德军被迫向加贝斯湾撤退，同时美军又协同蒙哥马利的第8集团军，把"沙漠之狐"隆美尔的非洲军团关进了突尼斯和比塞大的一块平原上，一举消灭了德意军队25万人。

　　美国和盟国的报纸、电台、杂志，被这一胜利吸引，人们开始把巴顿塑造成一个古罗马的角斗士，他的威武雄壮和战绩可与历史上的名人和神话英雄相比，他的照片被到处刊登，他的话被人们到处传颂，一些女孩则把他最喜欢的皮带和皮鞭带在身上，一些年轻人则模仿他的语调，他的神态，他的一举一动，包括眨眼的次数，也被记者们描绘出来，成为人们喜欢的话题。

　　麦克阿瑟知道，如果自己在澳大利亚再不做出点什么，公众会把他遗忘。他必须主动寻求战机。

No.2　海陆争端

　　1942年5月6日，日军攻克了科雷吉多尔岛，澳大利亚陷入了巨大恐慌之中。

　　麦克阿瑟出击的时机到了。

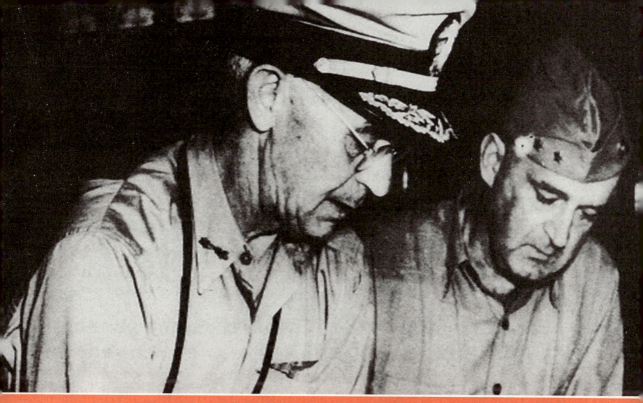

但是，在哪里进行抵抗，是进攻，还是防御？

澳大利亚从广义上说是一个超级海岛，形状像一只睡卧的双峰骆驼，头朝西，尾向东。达尔文港在它西边的驼峰尖上，东边的驼峰尖叫约克角。布里斯班的位置在它的屁股上，墨尔本在它的尾巴根儿上。从墨尔本往东直线距离1,400海里就是新西兰。从约克角向北，渡过宽100海里的托雷斯海峡，就到了伊里安新几内亚。

麦克阿瑟把目光投向了这里。"保卫澳大利亚的战场就是新几内亚。"

日军统帅部恰恰也打算征服伊里安新几内亚。

两架高速飞驰的战车，在一个高山耸入云端、密林深不透风的世界第二大岛上狠狠相撞了。

伊里安岛仅小于格陵兰岛，是世界第二大岛。伊里安像一只俯在地面的大袋鼠，又像一只匍匐前行的雌孔雀，也是头向西尾朝东。鼠尾部分叫巴布亚半岛，米伦湾在巴布亚的尾巴尖儿上，莫尔兹比港在尾巴根儿下边。整条尾巴上横列着险峻的欧文斯坦利山脉。

伊里安袋鼠脖子北边不远有一个小岛叫比阿克。袋鼠的头盯着一组群岛，它就是欧洲人几个世纪中梦寐以求、麦哲伦为之进行环球航海的香料群岛——马鲁古群岛。它距伊里安西部的鸟头半岛仅220海里。从马鲁古往西北航行，穿过马鲁古海峡和苏拉威西海，只有240海里的航程就到达了菲律宾的棉兰老岛。

麦克阿瑟十分清楚，要想从澳大利亚重返菲律宾，就必须用火与剑走完这段 3,000 公里的征程。

1942 年 11 月 16 日，莫尔兹比港。

莫尔兹比港政府大厦是一座白色建筑，坐落在一个俯瞰海港的山丘上，四周都是棕榈树和灌木林，还有珊瑚海上美丽怡人的热带风景。屋顶被热带风暴吹垮了不少，看上去就像是一阵微风就能把它吹倒似的。

从这里麦克阿瑟发起了撤离巴丹后的第一次进攻——布纳战役。

在大厦的红色大厅里，麦克阿瑟正在召集他的手下进行动员，与其说是动员，不如说是演讲。

"再过几个小时你们就要开赴战场了。你们将创造历史，领导首次对日进攻。从现在开始我们要在这里打一场运动战。我们将用不足一个步兵师的兵力和少数飞机开始我们打入东京的旅程。我们将洗刷珍珠港的耻辱，我们要报巴丹之仇，我们将迫使日本人屈服。"

麦克阿瑟太期望胜利了。他要用胜利来鼓舞士气，要用胜利来推行他的太平洋战略，要用胜利来证明太平洋战争必须由他领导的陆军来实施，而不是海军。

他的部队没有辜负他的期望，比海军攻克瓜达尔卡纳尔提前两个星期，从强大的海军面前抢走了胜利。

莫尔兹比港司令部里响起了一片开启香槟酒瓶的声音。麦克阿瑟举起酒杯。"我想起，"他庄严地说，"罗伯特·李将军说过的一句话——'可怕的战争是一件好事，而我们能学会热爱它也是一件好事。'"

布纳战役虽然使麦克阿瑟付出了巨大代价，但最终的胜利使他的忧郁和失望情绪一扫而光。他把全部的忧郁丢进了新几内亚的热带丛林里。

他的精神重新抖擞起来。他充满了自信。在这里，他学会了"蛙跳战术"。他要用这一法宝铺平通往菲律宾和日本东京的道路。他破天荒地对自己的衣着进行了设计，把他的一件外套改成了一件空军夹克，而把另一件空军夹克变成了一件独特的外套。

他要以一种全新的面貌杀回菲律宾去。

对海军来说，麦克阿瑟只是一厢情愿。他们看不起陆军，认为只有海军才是太平洋战争的主角。欧内斯特·金坚持这一点。

在美国二战史上，有两个人既深受公众爱戴，又备受公众责难。麦克阿瑟是其中一位，欧内斯特·金则是另一位。

欧内斯特·金，是在美国海军蒙受耻辱的日子里崛起的。他幼年时就显示出过人的聪明，1901 年从海军学院毕业，1905 年他同麦克阿瑟一起作为特遣代表到中国东北观察过 1904 年至 1905 年的日俄战争，对日本海军的作战能力留下了很深的印象。金是个野心勃勃的人。他有一句名言："只要再坚持片刻，就会时来运转，困难就会消失，这一直是我的信念，对我总是灵验的。"

在海军中，欧内斯特·金受到的尊敬多于爱戴。有一个故事说欧内斯特·金去天国以后，一个海军军官跟着上了天。圣彼得告诉这个海军军官说："自从欧内斯特·金到来之后，天国进行了改组，并且，处于战争状态。"海军军官回答说："我并不感到惊讶，因为欧内斯特·金将军经常认为他自己就是全能的上帝。"圣彼得听了摇了摇头说："这并不可怕，麻烦的是全能的上帝认为他自己就是欧内斯特·金将军。"

珍珠港事变以后，欧内斯特·金被任命为海军作战部部长，后来又进了美国参谋长联席会议和美英参谋长联合会议，指挥着美国海军太平洋舰队和大西洋舰队，成了美国有史以来权力最大的海军司令官。

美国对德宣战以后，德国海军将领邓尼茨率潜艇攻击了美国沿海，美国国内受到震动，欧内斯特·金受到了公众指责。他渴望自己受损的名誉能在太平洋战争中得到补偿。

1942 年 9 月，在从旧金山驶向特里塞尔岛的"海马"号上。

查尔斯·惠特尼中校正坐在海岸警卫队的一艘漂亮游艇里。镶着队徽的大盖军官帽戴在头上。他人很瘦，长脸，英国式的鹰钩鼻，一头金发，蓝眼睛，前额有些猫爪样的伤疤。军装干干净净，裤线直挺，皮鞋铮亮，勋章闪闪发光。他是被麦克阿瑟从巴丹带出来的唯一的一名低级军官。他从日本人的俘虏营中逃出来，麦克阿瑟说已经下过地狱的人就不要再下第二次了。于是他跟随麦克阿瑟逃到了澳大利亚，然后返回美国。

在惠特尼对面，坐着一位中等身材的海军少将，他的脸晒得黝黑，鼻子又短又圆，眼睛大得出奇，看上去像一个风尘仆仆的汽车推销商。然而他严厉又粗暴，周围的人畏之如雷霆。在他面前，懦弱的人恨不得钻入地缝，他就是里奇蒙·特纳少将。欧内斯特·金海军上将的作战部长。

惠特尼不是胆小的人，他同特纳之间既有上下级的关系，更多的是军人之间的互相尊重。

"海马"号的左舷出现了林立的帆樯，高大的电报塔拔地而起。

特纳少将终于开口了："惠特尼中校，对这一次支援瓜达卡纳尔，你有什么看法？"

"特纳将军，我们一个营怎么够用？为什么麦克阿瑟将军不派陆军增援瓜达卡纳尔？光让陆战队去同日本人干，等于让孩子去干大人的事情。"

特纳罕见地微笑了。凡是见过惠特尼的人，不论是他脸上有了伤疤以前还是以后，都为他的贵族气派所倾倒。他天生具有那个岛国居民桀骜不驯而又不屈不挠的气质。在他面前摆架子是没有用的。

"你同麦克阿瑟将军一起从科雷吉多尔岛突围而出，我正要问你。你说，麦克阿瑟的战略方向到底是哪里？"

"当然是菲律宾。打回菲律宾，他就达到了他一生目标的顶峰。"

"问题的关键就在这儿。"特纳说："打回菲律宾并不能打败日本帝国。金海军上将说，我们整个海军同麦克阿瑟的分歧在于：他追求荣誉，我们追求胜利。中途岛大捷之后，连傻瓜也看得出美军要发动一次反攻。金举出了 1861 年美国内战的时候，北军统帅麦克莱伦拖延进攻贻误战机的先例，

打算趁日本人新败，惊魂未定之机，突然打他一拳。问题集中在：什么时间？什么地点？用多大规模？谁来指挥这次反攻？在日本的太平洋岛屿防线中，最重要的拱心石就是加罗林群岛的特鲁克环礁和新不列颠岛上的拉包尔。特鲁克是日本联合舰队的基地，号称日本的珍珠港；拉包尔是日本在西南太平洋上最大的后勤基地和兵站。"

"麦克阿瑟口口声声要反攻拉包尔。"特纳喘了一口气说："他是一个带政治色彩的将军，知道如何赢得美国的舆论。反攻拉包尔富于宣传性，然而谈何容易！他声称：只要给他两艘航空母舰和四艘战列舰，他就可以拿下拉包尔。这足以证明他对海战的无知和幼稚。日本海军虽然在中途岛之战中损失了四艘第一流的航空母舰，然而元气未伤，战列舰、巡洋舰和驱逐舰队保持着可畏的实力。进攻拉包尔，只能是自杀。所以金主张搞个小很多的作战，进攻东所罗门群岛的图拉吉岛，那里有日本人新建的一个水上飞机场。但是谁也不知道图拉吉岛。舆论不知道进攻这个小岛究竟有什么用。于是，麦克阿瑟联合三军参谋长马歇尔反对。金非常强硬，他拒绝麦克阿瑟指挥任何投入美国海军主力部队的军事行动。上将看不起麦克阿瑟，认为他懦弱、动摇，好大喜功却华而不实。你认为金上将的看法对吗？"

惠特尼不置可否。他知道，海军和陆军，一个是他的上司，一个是他的救命恩人。他从很近的地方观察过麦克阿瑟，知道他脾气暴躁，放肆，目中无人，顽固地表现自我。然而他的确是一位优秀的军人。实际上他同金上将正好是一副军人模具的阴阳模。海军对他的门户之见，失之公正。他决定还是不说为妙。

▲ 麦克阿瑟与尼米兹上将（右）一起研究太平洋地区作战计划。

特纳也不期待惠特尼的回答，他只说出了金的答案："这次作战由海军自己来干。实际上，太平洋战争就是一场海上战争。金认为。只要有足够的人和装备，海军可以单独打赢日本。"

特纳又告诉他："现在，陆军和海军还在争吵。麦克阿瑟拒绝指挥整个所罗门前线，也不派兵给海军。连戈姆利海军中将也支持道格。先是打不打卡纳尔定不下来；后来在划分战区的问题上又纠缠不清。上将干脆说：反正我们得动手，这个计划就叫'瞭望塔'，让我们边打边走着瞧吧！"

"后来的事你都知道了。"特纳拍拍惠特尼的肩膀，亲切地对他说："卡纳尔现在已变成了一架绞肉机，日本人同我们都把飞机、军舰和人投进去。那个机场成了对我们意志力的考验。"

"现在轮到了'海魔团'。"惠特尼平静地说。他知道了什么样的命运在等待着他。然而他很满意，他渴望复仇。

No.3 总统当裁判

麦克阿瑟同海军闹翻的事已经尽人皆知。

以金和尼米兹为首的美国海军同麦克阿瑟互相拆台，明里暗里拳打脚踢，背后不知骂了多少娘，民主党和共和党的报纸也推波助澜，闹得不可开交。

1943 年 4 月，美国参谋长联席会议。

在华盛顿五角大楼里，虽然夏天还没有来临，但是这里已十分炎热。萨瑟兰早早地来到了会议厅，他把文件摊开放在桌子上，十分投入地看起来。莱希就坐在他旁边，提醒他金海军上将来了，萨瑟兰立即站了起来，向这位全能上将敬了军礼，金把手一摆，示意他坐下，然后就在自己的座位上坐下来。马歇尔看看人已经到齐，就干咳了两声，开始进入汇报议题。

萨瑟兰是代表麦克阿瑟来的，地位又最低，因此首先汇报。

"此次我奉麦克阿瑟将军的命令参加会议，一个主要的目的是提出关于我军下一步进攻的主要方向。目前，我军已到达马鲁古群岛，离棉兰老岛不足 500 公里。考虑到菲律宾的重要性，我们认为，我军应首先夺取菲律宾，然后向日本进军。这个意见是综合各方面的有利因素提出来的，尤其是那儿有我们数万战俘，必须尽快使他们脱离苦海。"

"凭这种蜗牛式的动作，能救出我们的战俘。笑话！日本已把菲律宾铸成了一块铜墙铁壁。要消灭这几十万日军没有几年是不行的。特别是，我们将以巨大伤亡的代价来战斗，这是把美国青年往火坑里推。要打回菲律宾，要解放战俘，只有消灭日本军队，打败日本才能做到。怎么才能做到呢？绕过菲律宾，攻击台湾或中国沿海的厦门。菲律宾有 7,000 个岛，台湾却只有一个，哪一个更合算，不是很明显吗！"

听了金的发言，众人开始嘀咕起来。但是，争论了半天，也没有结果。只是按原定计划攻击棉兰老岛，下一步如何打，全是走着瞧。

现在，参谋长联席会议也闹崩了。究竟是听麦克阿瑟的还是听欧内斯特·金的，谁都不让步，只好由三军司令罗斯福来解决这一分歧了。

1943 年 7 月 26 日，珍珠港。

这一天，珍珠港的海滩充满了迷人的美景。如果不是战争，这里一定是绝好的旅游去处。但是，在海边还是有一些大胆的年轻人，他们在水里游戏，尽情享受大海的魅力。这个被战争蹂躏的地方，即使在最黑暗的日子里，也是那么漂亮，难怪有那么多殖民者垂涎它，占有它，在得不到的时候，就用炸弹把它摧毁，炸烂。

上午 10 点钟，太平洋司令部里正一片繁忙，门外的大道上，站满了岗哨。雷达已经启动，战斗机处于一级战备状态。尼米兹正在办公室里同他的参谋长商讨，桌子上放着作战包，他不时地看手表，又抬头望望窗外。显然，他正在等人。

下午 3 时左右，麦克阿瑟的飞机抵达夏威夷。与此同时，罗斯福乘坐的"巴尔的摩"号重型巡洋舰徐徐驶向港口。

当麦克阿瑟的飞机在希克姆机场着陆时，提前到达的尼米兹到场迎接，并驱车陪同麦克阿瑟来到他下榻的谢夫特堡。尼米兹穿戴齐整，而麦克阿瑟30个小时未睡未洗，看上去就像一个皱巴巴的牛皮纸箱。他不打算不洗澡不刮脸就去见总统。

"巴尔的摩"号重型巡洋舰靠港了，海军将领们列队迎接罗斯福。将领们身着白得炫目的制服，帽上金色的穗带熠熠生辉。在将麦克阿瑟送到宾馆后，尼米兹立即赶到码头。罗斯福乘坐的巡洋舰一靠岸，尼米兹就登上了"巴尔的摩"号。尼米兹惊愕地看到被疾病缠身的罗斯福总统的脸死一般的苍白，下颚肌肉松弛下垂，生命之火明显地暗淡了。尼米兹与罗斯福互致问候之后，就在军舰上交谈起来。

麦克阿瑟洗好澡之后，换上了他的皮夹克，戴上元帅帽，出门乘车。车是岛上仅有的两辆敞篷轿车之一。一大队宪兵戴着白手套骑着摩托车护送着他。路边站着许多看罗斯福的人群，人们向他招手，他也扬手致意。一位见过大世面的军官数了数护卫的摩托车，告诉同伴："我从未见过这么长的护卫车队。"

车队在码头上兜了一圈，此刻乐队已经停止了演奏。列队的官兵开始鼓掌欢迎。道格就从两排鼓掌的人群中走过，频频向他们招手致意。他大步走上跳板，踏得跳板直颤悠。他走到跳板正中站下来，先回头向欢迎队伍微笑，然后转过头来。正当罗斯福问尼米兹"道格拉斯在何处"的时候，四只眼睛的目光在空中相遇了。

总统、麦克阿瑟、尼米兹和莱希同乘了一辆敞篷车。莱希坐在司机座旁。尼米兹坐在后座正中，左手是总统，右手是麦克阿瑟。麦克阿瑟一路同罗斯福谈笑风生，弄得尼米兹夹在中间很不好意思，他只好靠在座位上，空出胸前，使道格同总统能互相看见。夹道的观众向敞篷车欢呼，罗斯福伸出左手向窗外致意，麦克阿瑟则伸出右手向窗外致意。

莱希看到道格拉斯在如此隆重的场合竟然只穿了一件普通飞行员穿的皮夹克，非常吃惊："道格拉斯，您这是开玩笑。"

麦克阿瑟回答："好，您没见我从哪里来，天空中可冷呢！"那件夹克是肯尼送他的，他说："上一次大战中，我连五分钟都没有离开过师部，哪怕被德国人的毒气熏倒。"

麦克阿瑟又拿英国人开起玩笑来："有些英国官员找我试探，想从东印度的荷兰领土要去几块关键地方。如果让他们占了去，就永远也别再想撬动了。"

罗斯福点头同意："我见到的丘吉尔首相也是这样。"

路上的两小时，麦克阿瑟已经看透了他的老对头。罗斯福早已经不是当年的罗斯福。他脸色灰暗，疲惫不堪，目光浑浊，说得不客气点儿，只是徒具人形了。他的权力和责任已经把他耗干了。他做了远远超过凡人能做的事，他够本了，总统已经隐约听到了天国的钟声。

麦克阿瑟假惺惺地恭维总统："您是军队中最受尊敬的人。"其实他心里对罗斯福十分不满，这个人影响了他一生的前程。然而他毕竟是他的后台老板，只有依靠他，自己才能渡过目前的难关。

预料中的会议终于在一间粉刷成奶油色的大厅中举行。会餐以后，大家吃了点心和水果，略说了几句笑话，总统、麦克阿瑟、尼米兹和莱希都走入另外一间不大的房间，墙上挂着一幅特大的太平洋地图。一根长竹竿放在墙边，莱希把它递给总统。

总统坐在轮椅上，用它指着几个刚被美军攻占的海岛——他对地图和海图有着惊人的记忆力。突然，他把轮椅转向麦克阿瑟："好吧，道格拉斯。"他挑逗地说，"我们从这里打到哪儿？"

麦克阿瑟简直像条件反射："棉兰老岛，总统先生。然后是莱特岛，再后是吕宋。"他说完看着总统，故意不去注意尼米兹。

尼米兹开始发言，说得不慌不忙，胸有成竹。他每提出一个方案，都有一个参谋拿来成磅的文件和材料，海军搞什么事都讲究认真，两栖登陆的每一个细节都考虑到了。尼米兹仔细分析了各种越岛方案，直到最后在日本登陆。他的论述充分，使人无法不信服。他讲完以后，擦了一下汗。两周前，欧内斯特·金上将刚来过火奴鲁鲁。他陪同金上将视察了夸贾林、埃尼威托克和塞班。他们的飞机在塞班降落的时候，斯普鲁恩斯、特纳和霍兰德·史密斯都来迎接他们。金头一句就说："斯普鲁恩斯，您干了件挨骂的好活！"这当然指关于追击小泽舰队在海军中引起的争议。"那些骂您的人不值一驳，您的决定是对的。"

尼米兹有足够的理由和第一手资料来反驳麦克阿瑟。他在战火未熄的塞班岛上获得了深刻的印象。他几乎不相信在这样一个小岛上美军会有高达 16,000 人的伤亡。而在菲律宾，有 300,000 精锐日军，其中一半在吕宋岛。

尼米兹开始向总统介绍他们一行人在塞班的经历和见闻。他们仔细察看了曾经激烈战斗过的西海岸，霍兰德在那里建立了他的司令部。尼米兹看到了上千名日军如何狂热地进行"万岁"自杀冲锋，日军的抵抗力给他和金投下了黑暗的阴影。

尼米兹遵照欧内斯特·金的命令反驳麦克阿瑟，两位将军反复争论，总统坐在轮椅上静听。罗斯福时而提出一个问题，时而用教鞭在地面上划一条路线。莱希上将看出总统想在 M（麦）和 N（尼）之间搞折中。罗斯福的天才在于会识别人，识别计划，伟人的伟大之处也在这里。他不是事必躬亲，更不是寄希望于理想化的人选和客观环境，他就从他手下的人和他所处的环境做起，那些看来似乎很平庸的人和事，经他一摆弄，竟然就风风火火，

罗斯福在海军高级将领的陪同下在美国海岸视察。

威震全球。

辩论到午夜中止了。没有结果。

第二天上午十点半，会议重新开始。占尽优势的尼米兹似乎有些退缩。麦克阿瑟虽无一纸图文，但他自己代表了一切。他谈锋犀利，广征博引，均出自名家和名著，谈到精彩处，情绪激昂，非常富于感染力。他一贯自信自己的个人魅力。总统问起马尼拉湾的情况。问麦克阿瑟，它是否能尽早开放，台湾在后勤方面是否能代替吕宋。

麦克阿瑟的劲儿上来了。他父子两代人都久住菲律宾，菲律宾号称他的第二故乡。他熟悉那儿的山石草木。虽然他离开马尼拉两年半了，然而讲起来历历在目，恍如昨日。

麦克阿瑟讲到动人处，奶油厅里的所有人都被打动了。

罗斯福终于被麦克阿瑟吸引了，他带着特有的迷人的微笑，问道："如果在菲律宾北部进展顺利，是否还要进攻菲律宾中部和南部群岛？"

麦克阿瑟巧妙地躲开了关键。他虚言两句，开始谈论政治和道义。他讲到西方哲学和东方哲学，讲到东方人的"信用""信义""道德"和"道义"。他讲到东方人对"失信""失约""耻辱"和"面子"的看法。并强调指出，"解放菲律宾不仅是一场军事战役，更是一场政治仗和信用仗。信用是美国在东方的旗帜，而日本就是因其一贯背信弃义而被钉在东方的耻辱柱上。第二次世界大战不仅是一场浩大的军事战役，更是一场民主国家和法西斯国家的政治抗衡，谁的制度优越，人民自信，士气高昂，得道多助，谁就可以打胜。"

会议已经变成了麦克阿瑟的即席演讲。

在演说中，他也不忘吹嘘。他把自己看成是菲律宾解放之星："日本占领军血腥的屠刀已经激起这个岛国的反抗怒火。菲律宾人信赖美国，如果美国不履行自己的诺言，这将是美国国旗的污点。在今天的战争里，亚洲人民的眼睛盯着菲律宾，如果美国抛弃了它的人民，美国的荣誉将染上永远无法洗刷的污迹。"

罗斯福静静地听着。他把麦克阿瑟和尼米兹的争论简化为一架天平：谁的方案死人少，他就支持谁。当麦克阿瑟正讲到兴头时，罗斯福突然问："道格拉斯，攻取吕宋的损失之大会超过我们以往的一切战役。"

麦克阿瑟表情丰富地否认了总统的看法。"总统先生，"他振振有词，"我们的损失决不会比以往的任何一次战役大。老式的前线步兵攻击时代已经过去了。现代的步兵火器如此可怕，只有最平庸的军官才依仗士兵用生命去冲锋。优秀的指挥官能够避免重大损失，我从新几内亚一路反攻，挺进了 3,000 公里，难道不是证明吗？"

"而且，吕宋战役的损失一定会比台湾小。因为太平洋登陆战的主要损失是没有任何敌人的内部情报，仅仅靠判读航空照片。因此，塔拉瓦和塞班的损失沉重。而吕宋同这些岛屿不同。美国在那里已经呆了半个世纪，非常熟悉。岛上有几十上百支同情美军的菲律宾抗日游击队，他们对各种敌情了如指掌。而台湾则不同，自从 1894 年以后，日本人就一直盘踞在那儿，部分岛民已经被同化，敌人的部署和要塞两眼墨黑。两相权衡，吕宋的优越性更明显。"

罗斯福一边听一边不住地点头，坐在总统旁边的尼米兹也频频点头。

最后，麦克阿瑟说："吕宋不是个小地方，可以像拉包尔、威瓦克那样绕过。从它的空军基地起飞的轰炸机，足以威胁美军攻击轴线的翼侧，从军事上讲，也应该拿下来。"

罗斯福的体力到了极限。他宣布散会。他对他的私人医生麦金太尔说："给我一片阿斯匹林，从来没有人像麦克阿瑟这样对待我。"

后来，尼米兹提出了一个新方案，麦克阿瑟攻取吕宋，他攻冲绳。

尼米兹对海军上层人物的战略思想很熟悉。他知道绕过台湾攻打冲绳将会使金海军上将怒不可遏。金对台湾的追求近乎一种偏执狂，他像当年葡萄牙、荷兰和日本的海军将领一样，被中国东海上这片杏叶状的海岛迷了心窍。

冲绳从各方面讲，都较台湾容易攻取。这是尼米兹和金在塞班视察的时候，斯普鲁恩斯提出来的。当时，金曾主动问斯普鲁恩斯："雷蒙德，你想指挥的下一个目标岛在哪儿？"

"冲绳。"斯普鲁恩斯未加思索。

"你怎样攻占它？"金的眉毛一挑。

"我这样想，"斯普鲁恩斯沉着地回答，他成竹在胸，"如果我们找到一个在海上补给大批量弹药的方法，那么快速航空母舰部队就可以一直横在日本本土与冲绳之间，直到全部攻占该岛、使用岛上机场为止。这是一种机动性的阻击。"

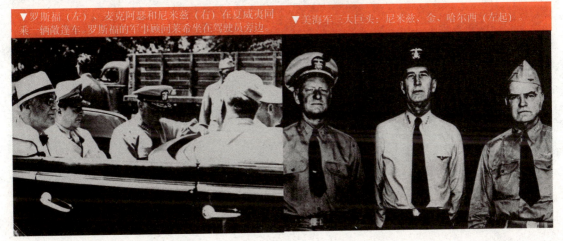

▼ 罗斯福（左）、麦克阿瑟和尼米兹（右）在夏威夷同乘一辆敞篷车。罗斯福的军事顾问莱希坐在驾驶员旁边。　　▼ 美海军三大巨头：尼米兹、金、哈尔西（左起）。

▲ 日军占领科雷吉多尔岛后，将被俘的美军官兵押往集中营。

尼米兹发现，斯普鲁恩斯是一位闪烁着智慧光芒的海军将才。

在其余的时间里，罗斯福视察了医院，慰问伤兵。他的身体的确大不如前了。被利连·撒尔律师称作"世界上最英俊的战斗的面孔"已经失去了昔日的光泽。总统脸皮松弛，皱纹越来越多，目光没有焦点，脸色灰暗憔悴，仿佛昏黄的灯泡上蒙的旧羊皮纸灯罩。他已经完全衰竭了。

然而，他毕竟是富兰克林·罗斯福。他的名字就是一切。他的轮椅被推入医院的走廊，向伤兵们微笑。他既没招手，也没开口，然而这就够了。伤兵们扑过来，看着总统，呜咽了。那些被截掉肢体的人，被烧得面目全非的人，被绷带裹着只露双眼的人，终于见到了他们崇拜的总统。一位坐在轮椅上的总统，一位从39岁就无法行走，却依靠精神力量挺立在世界上的总统。他毅力惊人，当上总统，一干就是12年，使美国的乾坤为之扭转，使世界的风云为之变幻。

罗斯福还视察了海军设施，向各级官兵致意。他把陆军和海军的争论搁置起来，谈些笑话，谈些战区中的奇闻轶事，谈日本人，谈国内问题，谈选举。他突然问麦克阿瑟对选举的看法。麦克阿瑟答道："军队在海外打仗，对国内政治不是很了解。但是，军队是一致拥护您的。"罗斯福感到非常满意。

视察结束，要拍照。他们三人都摆好架势。总统笑眯眯地居中而坐，左手是尼米兹，右手是道格拉斯。他终于对麦克阿瑟说：

"我们将不绕过菲律宾。"

麦克阿瑟一生的目标终于实现了。

总统还对尼米兹说："你们要携手作战，遵守自己的诺言，直到打败日本。"

尼米兹也得到了自己的礼物——琉球群岛中最大最美丽的海岛——冲绳。

一切该说的全说过了，该得到的都得到了。大家都很轻松。罗斯福注意到麦克阿瑟的长裤弄得有些皱巴巴。他小声对麦克阿瑟说："您注意我盯的是什么吗？快把它理平。"麦克阿瑟正看裤脚，摄影师就抢下了镜头。

这是罗斯福、麦克阿瑟和尼米兹三人合影的最后一张照片：尼米兹衣冠楚楚，正襟而坐；麦克阿瑟穿的还是皮夹克；罗斯福扭头笑着对麦克阿瑟说："好，道格拉斯，你赢了。我不得不给金一个坏消息。可怜的倔老头厄尼（Ernie，欧内斯特·金的昵称）。"

第三章

日本海军的梦想

　　日本的胜利是短暂的。在强大战争潜力支配下，美国海军又重振雄风。经过中途岛海战等一系列战役，日本海军已所剩无几。面对失败，日本联合舰队进行了垂死挣扎，企图在西南太平洋海域诱歼美国舰队，并为此制订了"捷号"作战计划。这是一个"宏伟"计划，它的胆量和气魄，只有崇尚武士道精神的人才会具有。

No.1 崛起的日本海军

在海军发展史上，航母和飞机登上历史舞台，经历了一番思想较量。

1903 年 12 月 17 日，美国两位自行车修理工莱特兄弟乘着他们发明的飞机，作了史无前例的飞行表演。这是一架真正的飞机。它的处女航轰动了美国以及全世界，引起了各国极大的关注。

1910 年 11 月 14 日，汉普顿锚地。

在风平浪静的海面上，雄伟的"伯明翰"号正在紧张地等待。舰上临时搭起的木质飞行跑道惹人注目。在飞行跑道靠近舰中段的首端，一架待飞的仅 44 瓦引擎的单人双翼民用飞机正迎风而立。岸上聚集了许多观看这次试验的人群。

随着指挥员一声枪响，飞机立即启动并开始向前滑动，速度不断加快。飞机滑完 25.3 米长的跑道后，便离开了舰身。由于飞机滑跑的距离太短，速度不够，机翼产生的升力不足，飞机离舰后，机头就直往下扎，越飞越低，而且驾驶员同指挥台的通信联络又因故中断。眼看飞机就要扎进水里了，观看的人群不由得惊叫起来，预感到一场灾难性的事故将要发生。就在飞机要扎进水里的一瞬间，沉着的驾驶员巧妙地操纵飞机的尾水平舵，将飞机拉了起来。这时，观众中发出了热烈的掌声和欢呼声。

这次试飞成功，开辟了海军发展的新纪元。

美国虽然是最早将轮式飞机在军舰上进行起飞和降落试验成功的国家，但是其他国家却后来居上。

1914 年 8 月，日本海军将商船"若宫"号改装成水上飞机母舰，排水量 5,180 吨，航速 10 节，载水上飞机四架。

1919 年 12 月 16 日，日本海军动工建造了一艘专门设计的"凤翔"号航空母舰，1922 年 12 月 27 日竣工。这是世界上第一艘真正的航空母舰。此后，日本人一口气完成了对"赤城"号、"加贺"号、"龙骧"号、"苍龙"号和"飞龙"号战列舰加载飞机的改装以及"翔鹤"号和"瑞鹤"号航母的设计建造，至 1936 年二战爆发前夕，航空母舰已达到十艘，而当时美国仅有七艘、英国七艘、法国两艘。日本在拥有航空母舰的数量上占据了绝对优势。

日本海军开始底气十足。

实际上，最令日本人引以为傲的，是日本人的战列舰。

早在 1921 年 7 月，日本开始实施"八八"舰队计划。

日本的航母编队。

　　"八八"舰队计划是当时日本的海相加藤友三郎等海军中一些重要人物针对美国（把美国作为假想的作战对象）而提出的建设日本海军的庞大计划。根据这一计划，日本将建造两支舰队，一支是 8 艘战列舰，另一支是 8 艘战列巡洋舰。等 1928 年完成这一计划时，日本将形成一支在主力舰只总吨位数上相当于美国海军主力舰只总吨位数 70% 的海军舰队。当然，靠这支力量与美国海军全面抗衡，是办不到的。它只是为了防备美国可能在西太平洋上发动向日本的进攻，即用来对付美国西太平洋海域的海上力量的。而且，主力舰只的总吨位数不能再少于所规定的这个数字。这是欲达此目的所需舰只吨位数最低的标准。

　　1921 年 1 月 6 日，华盛顿会议。

　　日本海军大臣加藤友三郎很早就来了。他是一个典型的东方人，黑脸，朝天鼻，下巴像鸭嘴，讲起话来总是朝一边撇，让人感到非常费力。但是，他的英语却讲得很好，不像日语那么笨拙。他有一个习惯，当讲话的时候，两个腿总是在晃，以至于他的声音同他的人一样，在均匀地抖动着。

　　这一次，加藤准备好了。他已经很熟悉美国和欧洲代表，也知道他们的弱点。他们总想联合起来压制日本，降低日本的军备数量。强迫日本放弃 7/10 的目标，接受"日本军备舰只的总吨位数不能超过英国或美国的 6/10"的方案。日本是小国，无法同大国争衡。加藤感到被卡了脖子。不过，他还有一招。

　　会议刚一开始，他就请示首先发言。大会主席休斯对这个东方矮子十分不满，他看了看，并未表态。加藤也顾不了那么多，立即讲了起来。

　　"如果按照五国条约的规定来执行，我国的主力舰总吨位将比美国和英国少四成，为了实现平衡，我们要求美国在太平洋中的所有岛屿和属地，除了阿留申附近海岸、阿拉斯加、巴拿马运河区及夏威夷以外均不得建立海军基地和新的要塞，英国只能在新加坡设立防务。"

休斯似乎没有听懂，经过其他人补充以后，他明白了。他看着加藤，用挑衅的眼光说："我们在菲律宾和关岛的基地是永久性的。"

"这是我们最后的底线。"加藤坚定地说。

直至 1922 年 2 月 6 日，华盛顿会议经过 87 天的争吵，终于达成一致。加藤取得了胜利。美国撤走了在菲律宾的所有军舰，英国也撤出西南太平洋。

日本成了太平洋的新霸主。菲律宾和新加坡作为海军基地的排除，为日本以后发动奇袭提供了便利条件。

从华盛顿会议之后，到 1936 年，日本先后参加了六次国际裁军会议。

会议造成了日本海军两大派系的分裂。一派是"条约派"，一派是"舰队派"。

"舰队派"不满"条约派"签订条约。他们狂热地鼓吹日本海军是"无敌的海军"、"无敌的舰队"。强调：虽然我们不能认为主动出兵进攻美国会取得胜利，但是，如果具有优势兵力的美国舰队，一旦向我们进攻，为在海上将其击退，至少也要拥有 100:49 的兵力，也就是说，我们必须具有相当美国"七成"的海上力量。如果达不到七成这个最低的数字要求，就无法保证国防上的安全。

因此，"舰队派"认为，裁军会议已使日本饱尝苦头，裁军条约已严重地束缚了日本海军发展的手脚。

"舰队派"已把目标瞄准了伦敦裁军会议，要在这次会议上废除总吨位主义，实现"平等海权"。

1934 年 10 月 20 日，英国伦敦。

▼ 日本"赤城"号航空母舰。

在日本代表居住的格罗纳饭店，太阳旗已经升起来了。作为谈判的首席代表，山本五十六，已经进入了谈判大厅。

山本出生于日本新潟县长冈市。他自小聪慧，但身高只有 1 米 59 左右，体重不超过50 公斤。骨骼颇有点像女性一样的纤弱，手指也很像女钢琴家的一样匀细。乍一看上去，你怎么也不会把他同大和海军的掌门人联系在一起。

山本生性好赌。日本人这样评价他：

他好赌成癖，但从不计较胜负与输赢，这一点十分难得……将棋、围棋、麻将、台球、扑克、轮盘等他都会。就是在宴会等大的场合，为摆脱不会饮酒，不能陪大家干杯的窘境，他也要找人用纸和水玩极简便的纸上赛马游戏。倘若有一些年轻人或侍宴的美女们参加，他就押上五十钱的赌注，故意输给他们。

山本不光赌场上玩得开，在军队中也转得溜，被称为日本军队中独一无二的最"杰出的人才"。

美英等国的许多谈判代表都认识他，知道他是一个很难对付的对手。

会议中，一个美国代表突然发问："在华盛顿会议时，贵国不是同意 5:5:3 的比例吗！而现在对此事为什么用遗憾的口气加以叙述呢？"

"随着时间的推移，时代的变化，海上的距离随之缩短了。现在，在日本的近海沿用这一比例，已达不到军事技术平衡这一目的了……"山本非常有力地回答。

"海军力量相等，也同样不能说彼此安全程度就一样，五对三的比例，当然也决不能说成是对日本的威胁这一番话。"

"如果说美国是'5'，而日本是'3'这一比例，对日本不构成威胁的话，如果日本是'5'，而美国是'5'的话，日本对美国也一样不构成威胁！"山本回敬说。

当山本看到会谈成功的机会渺茫，他这样写道：

会议之发展，正如原先所料。因我帝国国力不足，加之本人才疏学浅，很难说服对方。看来，前景暗淡，多灾多难……对海军来说，至为重要的也是谨慎自重，艰苦努力，当务之急就是无论如何迅速发展海上航空兵。

英国的代表对总吨位采取无所谓态度。因为在英国海军中，也分成了两派，一派主张沿用华盛顿条约；而另一派则主张废除旧约，订立新约。为此，英国代表暗中提醒日本：如果日本单方面发出废除华盛顿条约的通告，那么英国将会响应日本的号召，使条约处于一种无约束的状态，这样各国建造军舰就没有什么限制了。

山本说："华盛顿条约危害了日本的国威。所谓国威，是指日本认为在世界上的三大海军强国(美、英、日)中，惟有日本海上力量被限制在六成以内，这危害了日本的国家威信。"

英国代表看到会议难以达到成效，就让步说："如果在限制各国海军舰只保有总吨位数量上达不成协议，那就只有在缓和可能出现的造舰竞争方面寻求一致意见。诸如限制军舰的吨位数和装备舰炮的口径等。"

美国代表对英国代表的建议十分冷淡，会议不欢而散。

最终，谈判破裂，各国投入到了轰轰烈烈的军备竞赛中去。

日本的"舰队派"为这一胜利而欢呼。他们终于可以无拘无束地发展海军了。

No.2 战机优先与战舰优先

飞机问世以后，立即对当时的军事理论发生了冲击。

在西方，两位军事理论泰斗为这一历史性时刻做出了贡献。

1925 年 12 月 17 日，美国特别军事法庭。

在威严的陆军部军事法庭上，一大群军装笔挺、徽章闪亮的将军们坐在法官席上，紧张地听着首席法官一字一板地念道：被告犯有"破坏良好秩序和军队纪律，以及……有损军队名誉"的罪行。站在被告席上的被告威廉·米切尔同样军服整洁，胸前缀着一片耀眼的勋章，倔强的脸上露出不屑一顾的神情。此刻，他的思绪已经飞向了大西洋彼岸的意大利。1916 年，那里也有一位名叫杜黑的陆军军官因为直言不讳批评军事当局，被军事法庭判处监禁一年。两个人在宣传空军理论方面可谓志同道合，而在人生旅途上又堪称难兄难弟，都是历经磨难。

无独有偶，几年之后，战争验证了他们的观点，表明这些遭受厄运的人是正确的。1946 年 8 月 8 日，美国国会通过一项议案，为表彰他"作为美国军事航空领域的杰出先驱者所做的贡献和远见卓识"，授予他一枚特别奖章。然而这已经是米切尔死后十年的事情了。

在日本，也有一位宣传空军力量的杰出人物，同样没有被当局接受，但是他的命运却与这两人完全不同。他青云直上，直爬到军事生涯的最高峰。

此人就是前面提到的参加伦敦裁军会议的山本五十六。

山本是日本少有的几个狂热"空海"论者之一。此前，日本已经认识到飞机的重要性，并在这一领域取得了重要进展。但是山本认为这是不够的。早在他担任航空本部技术部长时，

▼日本海上联合舰队司令官山本五十六。

他就意识到：飞机毫无疑问将成为未来海上作战的主要兵器；由航空母舰和以航空母舰为基地的飞机组成的机动部队将是决定敌我双方在未来海战中谁胜谁负的主要力量。

但是日本海军上层大多数人物并不这样认为。他们依然坚信并依靠军舰和大口径舰炮为中心，飞机不过是一种辅助力量；海军发展应当坚持"海空军"的思路进行，否则以巨金建造的大型战列舰将成为并无多大用处的庞然大物，这不符合日本海军的光荣传统，是对自日本海大海战以来具有辉煌战绩的帝国海军的亵渎。

这是发生在 1930 年的事情。

五年以后，山本当上了海军航空本部部长。

这时，日本海军建设第三次补充计划已经完全拟订出来了。舰政本部把计划送发到各个部门手里，作最后的征求意见。

1935 年 4 月，日本海军航空本部已处在樱花的包围之中。山本正站在航空本部的一块草坪旁边，他思考了半天，又忽然从文件夹里抽出了一份文件，补充了几个字。然后交给身边的副官，说："告诉中村大将和末次大将，航空本部的意见全都在这里面了。"

副官拿过文件，看到的批文是：建造"大和"、"武藏"这样的超级战列舰，需用大量的金钱和材料。倘把这些金钱和材料转用于日本海军的航空建设中，可大大提高海军的战斗力。战列舰再大，也难免被击沉。在海上作战中，飞机的机动性和灵活性远比战列舰要大得多。飞机将成为未来战争中至关重要的决定性力量；战列舰在尚未发挥其舰炮作用之前，就有被飞机击沉的危险。所以随着空中力量的发展，在未来的海战中，巨型战列舰将成为庞然大物。

副官送过文件后，很快又返了回来。文件已经批过了。山本一看，是中村部长的亲批。这是一行非常漂亮的字：迄今为止的世界海战史上，没有一艘战列舰是飞机击沉的。山本喜欢这字，但不喜欢这话。

山本并不放弃。他知道负责"大和"、"武藏"舰设计任务的，是日本造船界的权威人士平贺让和福田启二。

山本来到福田少将的办公室，将手搭在他的肩上推心置腹地说：

"对不起，我本不愿扫你的兴。我知道，你正在为造舰而竭尽全力，但还是得给你泼点冷水儿。我担心你不久将会失业。我认为，今后海军建设的重心将由军舰转向飞机，巨型军舰和大口径舰炮将成为过时的失去其价值的东西。"

福田曾一向敬佩山本的为人。这时候，他有些着急。

"不，你说的不对。我虽然不能说这艘舰绝对不会被炸沉，但至少也可以说，它是不易被炸沉的。因为我们在设计时考虑到了各种被炸沉的可能性。"

福田想以甲板的设计方案为例说服山本。他说："'大和'和'武藏'的内部结构采用了蜂巢形甲板。即使来自高空炸弹的袭击也不易穿透它，而且重量很轻。在它们的心脏部位——锅炉室——上面的甲板均采用的是厚 38 厘米，带有 180 个直径为 18 厘米的孔洞的蜂巢钢板。"

"嗯，但是……"山本突然收住，没有说下去，似乎不很服气。

当得知"大和"和"武藏"号动工建设的时候，山本失望地说："这就如同老年人装饰客厅时，无论如何也要设置壁龛一样，不喜欢这样装饰的年轻人，实在奈何不了他们。"

山本无法影响和插手舰政本部的事务，就专心致志于自己的业务。

1933 年，海军在山本的指导下研制出了"八式特种侦察飞机"。

1934 年，在八式的基础上，航空本部完成了改进型"九式中型陆基轰炸机"。

这两种机型都是在山本的指导下完成的。从飞机设计到定稿，都先由山本首先过目。等他满意了，再上报海军部。"九式中型陆基轰炸机"是山本的得意之作。这种飞机于1936 年之后投入批量生产，被称为"九六式陆基轰炸机"，供日本海军专门用来装备远洋轰炸机队。1937 年 8 月，日本侵华战争爆发以后，由"九六式陆基轰炸机"组成的空中编队对中国杭州、广德空军基地进行了连续三天的轰炸，使国民党的空军濒于瘫痪。这一轰炸被称为日本海军的"跨海大轰炸"。

"九六式陆基轰炸机"主要由三菱重工业公司和中岛工业公司负责生产，至战后为止，共生产 1,048 架。

后来，日本对这种机型进行了改进，制造出了具有世界一流水平的"零式战斗机"。山本也被评价为"为提高日本海军的战斗力而竭尽全力研制飞机的领航人"。

日本海空力量的天平又逐渐平衡了起来。

1936 年，山本当上了航空本部部长。

当时，他正为频繁的飞行事故苦恼。

突然，他的两个得意手下桑原虎雄和大西泷治郎向他推荐了一个人，水野义人。

此人"深谙卜术"，会看手相和面相。桑原和大西已经请他看过自己的飞行员，"其中有83%是正确的，比应用统计学60%的正确率还高"。

山本听完之后，等他们讲完故事后说："明白了，我想请他来当面谈谈，去把那个青年找来。"

然后，山本从人事局、军务局和航空本部各部各科打电话，招集了二十多名不同身份的有关人员。

水野来到后，山本首先问他："看手相和相面是怎么回事？"

水野说："这是我们多少代先辈，即古时的荒僻村落人，依据他们的长期观察，聚集大量感性认识而总结出来的，流传至今。当然，它并不是绝对可靠的，但也不是胡猜。直觉也同样可以帮助人们进行判断和推测。"

"好的，"山本点了点头说，"你能否说出在座的二十多名僚友，哪一位是飞行员吗？"

水野仔细地端详过在座的每位军官之后，指着其中一个人说："你是飞行员，对吗？"接着，又对另一名军官说："你也是。"

这两位军官是星一男和三和义勇。他们两位当时都是日本海军中优秀的战斗机飞行员。

水野说对了二人的身份后，他们不好意思地笑了，而在场的其他人则面面相觑，异常惊讶。

"还有没有？"山本追问道。

"没有了。"水野回答说。

这时，在场的军令部田口少校忙插嘴说："我也是飞行员。"

水野转身向他走来，拉过他的手看了看说："你也许是个飞行员，但并不优秀。"

一句话说得大家相顾失笑。

田口是海军大学毕业生，曾为水上飞机的驾驶员。他的脑筋很好，但作为一个飞行员来说，却显得有些迟钝。他常在着陆时，使水上飞机受损。为此，最近才把他调到海军军令部当参谋。军令部首脑还特意嘱咐他说：万事小心，切不可再出差错。

这时山本环视了一下在座者："怎么样，谁还想借此机会看一看？"

一位叫木田的军官乘兴让水野给看手相。水野看过他的手后，用疑惑的口气说："怎么，你现在姓的是别人的姓吧？"

"什么，真的吗？你是养子呀？"同僚插嘴问。

▲ 美国太平洋舰队总司令尼米兹上将。

这时木田很难为情地勉强作笑说："是的，我确实是养子。"

"今天就到这儿吧！"

山本同意了桑原和大西的请求。

不久水野被正式任命为海军航空本部的顾问。从此，霞浦航空队每逢招收训练飞行员的正式学员或预备学员时，他总要到场，为那些年轻人看手相和相面，提供录用与否的依据。

此后，水野越来越忙。到战时，他又收用了两个助手。因为他经常要来往于各航空队之间，终日忙得不可开交。无奈，最后不得不采用复印手纹送给他看的办法。先后经他看过手相的，竟达 23 万余人。

日本的"空海军"虽然比"海空军"有所进步，但是仍然存在一些难以克服的消极因素。

No.3 太平洋海战

1940 年 10 月 11 日，日本横滨港。

1940 年是日本神武天皇即位 2,600 年，全国正在举行各种纪念活动。日本海军也进行了大型庆祝活动，时间定在 10 月 11 日，地点选在横滨港。山本五十六被天皇钦命为"纪念 2,600 年特别阅舰仪式总指挥官"。

美军"卡塔琳娜"式侦察机。

这天上午，天高气爽。整个横滨港旌旗遮天，码头周围拥满了十多万观众。横滨的野毛山公园，各大商社建筑物的屋顶，以及外国公寓和外国商馆的窗户里，都挤满了人。人们已经很长时间没有目睹天皇的风采了。8 时整，天皇从他的行宫出发，他坐在全日本最豪华的天华车上，头上戴着皇冠，面含微笑，不时向周围的群众致意。人群中发出了连绵不绝的"万岁"声。

车子到达港口，所有的观众都鸦雀无声。

"敬礼——"，"奏乐——"，山本突然大吼了两声，那振聋发聩的声音在港口里四处回荡，乐队奏响了《君之代》。天皇在文武百官的陪同下开始了登舰仪式，海军的所有高官都在两旁列队欢迎，皇太子和亲王从后面跟着，看不到尽头。

队伍登舰完毕以后，巡洋舰"高雄"号拔锚起航，"加贺"、"古鹰"号在两旁护卫。山本陪同天皇检阅了以"长门"舰为首，排列井然、缓缓行驶在东京湾的联合舰队的五排舰只，远远看去，宛如五条巨龙。

参加这次阅舰仪式的海军舰只总吨位达 60 万吨，飞机 527 架。

当"比睿"号破浪行进在受阅舰队行列之间时，小泽治三郎少将所指挥的海军航空队的攻击队、轰炸机、战斗机、水上侦察机以及飞机的各编队，相继出现在受阅舰队的上空。并在天皇座舰左舷上方减速俯首，以示对天皇的敬意。然后，取西向航路通过东京上空向远方飞去，很快消失在人们的视野之中。

这时，天皇突然小声对身旁的山本说："舰队的战备到了什么程度？"

"准备好了，拿下珍珠港没有问题。"山本一字一句地说。

天皇脸上露出了灿烂的笑容。他的梦想就要实现了。

天皇的梦想就是大日本海军的梦想。

日本著名的条约派人物堀悌吉对日本海军的梦想进行了描述：

日本已经制订了野心勃勃的对美作战计划，不论是海军大学进行的沙盘演习，还是军令部所提出的对美作战的战略指导思想，都贯彻了这一原则：

一、日本主动攻下菲律宾；

二、迫使或诱惑美国舰队前来救援；

三、在马里亚纳群岛一带逐步削弱敌舰队的力量；

四、进行舰队决战，一举全歼前来之敌。

1941 年 12 月 8 日早晨，珍珠港。

天色已经大亮，瓦胡岛的人们还在睡梦中。夏威夷电台正在播送流行的爵士乐，美国太平洋舰队的大部分战舰安静地泊在瓦胡岛南岸的珍珠港。大部分水兵上了岸，正在享受带有异乡情调的周末。初升的太阳把云海的边缘染成一片金黄，几只水鸟把这里点缀得更加宁静。

突然，一群涂有"太阳"机徽的日本轰炸机铺天盖地地直冲珍珠港飞来，接着传来阵阵闷雷般的爆炸声，战列舰好像受惊吓一样，被炸得一蹦老高。太平洋舰队司令金梅尔海军上将正在山腰别墅前等车。战舰爆炸的气浪把他撞在柱子上，他这才如梦初醒，意识到日军的袭击。金梅尔举目望去，到处是浓烟、火海和爆炸声。被炸毁的舰只东倒西歪，他自己的旗舰也在船坞中喷吐着火舌。碧蓝的海水变成一片黑红，到处可见死尸，到处可闻伤兵的呻吟，这一派惨景代替了原来的恬静。

美国海军作战部收到了一份沉痛的电报："珍珠港空袭"。

日本大本营里则响起了"虎！虎！虎！"的怪叫声。

日本偷袭珍珠港历时 110 分钟，美国军事实力遭受严重损失：港内 8 艘战列舰、1 艘彻底破坏，1 艘倾覆，另外 3 艘受重伤沉没海底。另有 19 艘军舰中弹，3 艘驱逐舰被打得千疮百孔；此外，有 250 多架飞机被击毁，美军官兵死伤 4,500 多人。珍珠港事件带给美国的损失几乎比美国海军在第一次世界大战中所受损失的总和还要大。

珍珠港的炸弹声，令整个日本民族沉浸在胜利的狂热中。

日本海军更加疯狂了。

1942 年 6 月 3 日，珍珠港太平洋舰队司令部。

整个港口气氛紧张，海岸上了无人迹，空袭警报在雾气蒙蒙的天空中回响。珍珠港海军船厂实行了灯火管制，机器维修车间已经关闭，工人配发了枪支，港口内停泊的军舰上，炮管林立，组成了一张密集的防空网。

从拂晓开始，太平洋舰队司令部就处于高度戒备状态。高级参谋们各就各位，时刻监听着来自敌方无线电通讯的消息。由于美方守岛部队和战舰编队都实行战时无线电静默，尼米兹领导的指挥枢纽只有通过敌方情报了解战事进展情况。

敌方时断时续的电报显示，日军对中途岛的牵制性攻击已经打响。

尼米兹等人没有过多理会阿留申群岛的战况，他们在难捱的一分一秒的时光中焦急地等待着来自北面和西面海上侦察机的消息。罗彻福特留在他那间不透风的地下室里搜索和分析着日方战舰的动向。尼米兹夜以继日地工作，24 小时不离办公室，他在办公室的一角放了一张行军床，疲倦时在上面稍微休息一下。莱顿则占据了外间办公室的一条沙发。

漫长的夜晚，美日两国舰队无疑正在微波起伏的洋面上缓缓接近。他们是否已经彼此发现对方了？中途岛已经久无消息，日军舰队主力是否已经接近中途岛？

疑团像烟雾般四处弥散，紧紧窒息着尼米兹紧张不宁的心绪。

6 月 4 日凌晨，终于传来"卡塔林娜"侦察机发回的片断消息："主力……方位 262 度，距离 700 海里……11 艘军舰，航向 090 度，航速 19 节。"不到半小时，另一架巡逻机报告，有 6 艘舰只从西南方向中途岛驶来。

太平洋舰队通信官莫里斯·E·柯茨拿着有关报告敲响了尼米兹办公室的房门。

尼米兹匆匆看完电报，突然兴奋地从座位上弹起来。

"到了为美国海军雪耻的时候了！这回定让它有来无回！"

"卡塔林娜"侦察机发现的战舰正是美军舰队期待已久的目标——南云指挥的航空母舰第 1 突击编队。就是这支编队的战机，在 6 个月前，神不知鬼不觉地降临珍珠港上空，像恶魔的巨手一般捣毁了尚在梦乡中的军港。如今，它特意选择 5 月 27 日日本海军节这一天，由日本本岛出发，气势汹汹地杀向中途岛，试图重建 37 年前东乡平八郎海军大将在对马海战中创造的赫赫战绩，一举将美太平洋舰队置于死地。

这时，尼米兹高高地举起拳头，狠狠地砸向了地图上的南云舰队。他抓住了千载难逢的战机，发出了"立即进攻"的命令。

此时，日舰正处于极易受攻击的境地，甲板上到处是鱼雷、炸弹以及刚加好油的飞机，而且保护航空母舰的"零式"飞机已经全部升空，正在四处追杀美国鱼雷轰炸机。这正是美军求之不得的有利时机。

"无畏"式俯冲轰炸机冲了下去。飞行员们犹如大发横财一般痛快淋漓，他们轮番攻击，连续投弹。顷刻之间，日舰上火光冲天，烈焰升腾，惊人的爆炸声此起彼伏。慌乱中，日本指挥官又错过了宝贵时机，"赤城"号、"加贺"号、"苍龙"号和"飞龙"号航空母舰相继倾覆，日本海军遭遇了近350年以来的首次惨败。

"大和"号战列舰上的山本五十六看到大势已去，迫不得已向群僚们表示要独自承担罪名。中途岛时间6月5日2点55分，山本痛苦地向庞大的日本联合舰队发出了承认失败的电文："撤销中途岛作战计划。"

6月6日是一个富有戏剧性的日子，这一天原是山本定下的攻击中途岛的纪念日，但此时"大和"号却背道而驰地在距中途岛600多海里的返航途中。

美军太平洋舰队司令部里则洋溢着兴奋的气氛，彻夜不眠的参谋官们围坐在一起吸烟休息，他们掩饰不住脸上的骄傲神情。埃蒙斯将军来到了司令部，手中拎着一大瓶系有海军蓝和金色带子的冰镇香槟酒。他没有多说话，语言在这个时候显得多余。他命令副官将带来的香槟酒通通打开。一时间，酒香四溢、泡沫飞溅，太平洋舰队司令部里一片欢声笑语。这是尼米兹和美军将士们自珍珠港事件以来第一次开怀畅饮。

太平洋又部分地恢复了原来的平静。

1941年12月7日，日军偷袭了美国太平洋舰队所在地珍珠港。

第四章

疯狂的赌局

　　晚秋时节，萧瑟的秋风席卷着亚太地区。发生在辽阔洋面和星罗棋布岛屿上的大小战斗，宛如汹涌的浪潮此起彼伏，一浪高过一浪。在狂风巨浪般的争斗中，美军已占有明显优势，进攻的狂涛巳汇成一股股巨流正从太平洋西岸向北涌进。一场人类海军史上规模最大的厮杀正在悄悄地逼近。日本人称它为"比岛冲海战"，美国人称其为"莱特湾海战"。

NO.1 鸡蛋撞石头

中途岛海战以后，日本大本营开始部署"捷"号作战计划。

"捷"号作战计划是在日本联合舰队频遭不幸的状态下制订的。中途岛海战以后，日本联合舰队连失两员统帅。

1943年4月，联合舰队总司令山本五十六被盟军飞机击毙。

1944年3月，继任联合舰队总司令古贺峰一覆舟溺亡。

1944年4月，日本东京。

东京街头的"胜利"气氛依然很浓。日比谷公园里情绪高昂，大和民族正陶醉在不败的神话里。然而，天皇宫殿里却冷若寒冰。在低沉的哀乐声中，天皇裕仁抬起了头，早在28个月以前，他就开始怀疑自己作为"神"的身份，在排山倒海般的称颂声中，他对自己是人还是神有些模糊，而现在，他似乎弄明白了，他不是神，而是人，是一个凡人。因为，大日本皇军正在接二连三地遭遇失败。

然而，他又不愿意承认这一点。他既已被奉为神明，而神是不会失败的，他必须强装欢颜继续制造骗局。

在清冷的宫殿里，新任联合舰队总司令丰田副武正在恭候他的任命。

他走上礼仪台，拿起那把阴冷的宝刀，不到3年的时间，他已经是第三次举起它了。

▼ 日本士兵出征前举行仪式发誓效忠天皇。

他的手开始颤抖，丰田副武双手举过了头顶，已经等在那儿了。

站在一旁的米内光政看到了这个尴尬的场面，他在旁边干咳了一声，天皇才醒过来，赶忙把授刀放到了丰田的手里。

丰田接过宝刀，正要转身发誓，天皇打破了规矩，突然开了口。他的声音尖细而又缓慢，仿佛从地宫里传出来的病人的声音，"……帝国的安危重任，全落在你和驻菲部队的肩上了。"

米内光政插话说："菲岛是'天王山'，当年丰臣秀吉曾在那里击败了明智光秀，你要把握这个机会好好干！"

丰田副武连声说"是"。

随后，丰田副武直奔设在海军学院的总指挥部，投入了"捷"号作战计划的紧张部署中。

"捷"号计划是大本营的一项"杰作"。"捷"字取报捷、胜利之意，它针对美军不同的攻击方向，共分为四号："捷"一号——菲律宾；"捷"二号——南九州、冲绳、台湾；"捷"三号——日本本土、小笠原群岛；"捷"四号——北海道、千岛。在这一计划中，菲律宾战役被列为首选之战。主要企图是：当美国舰队一旦侵入日本的内圈据点，即菲律宾群岛、台湾、琉球群岛和日本本土，残存的日本海军就倾巢而出，誓死迎击。

这实足是一场大赌局。

1944 年 9 月中旬，台湾岛附近海域。

正当盟军参谋长联席会议在魁北克匆忙讨论作战日程的时候，美国第 3 舰队司令哈尔西已乘 4.5 万吨的战列舰"新泽西"号，率领第 38 特混舰队到达了靠近菲律宾的台湾海域。

哈尔西是一位传奇性的勇士，出身于祖辈吃风饮浪的航海世家。他的双眼深陷，方方的下巴。他干过鱼雷艇、驱逐舰和巡洋舰舰长，从海军准尉一直爬到海军中将，而且离上将的星章只有一步之遥。他的蛮勇、无所畏惧、富于攻击精神使他深孚众望，水兵们都亲切地叫他"公牛哈尔西"。珍珠港事件后，哈尔西看到被日本飞机炸毁的美国军舰。他发誓：打完这场大战之后，"只有在地狱中才能听到日本话。"由于他接替戈姆利指挥西南太平洋战区，瓜达卡纳尔岛的陆战队士兵闻讯以后，竟跪在战壕边上高兴得哭起来。"换上哈尔西，我们就有救了"。作为对日军进攻的回答，哈尔西下令在槽海西侧的一个海岛上，竖起一串每个字母都有 5 米见方的标语牌。上书：

杀死日本鬼子！

杀死日本鬼子！

更多地杀死日本鬼子！

哈尔西几乎是一路杀将过来。现在，他把目标定在了台湾。

台湾是日本本土列岛通往菲律宾的中间站，面积3.6万平方公里，山高林密、溪流多而湍急。西方人长期以来一直管它叫做"福摩萨"。1894年甲午中日战争以后，日本鲸吞了台湾，一方面血腥镇压了台湾人民的反抗，一方面投资开发，加紧消化它。到1944年，日本在台湾已经修建了70多个飞机场。当年轰炸吕宋岛克拉克空军基地的飞机就是从台湾起飞的。

日本的这些飞机属于陆基航空兵，哈尔西采取了挑逗和诱杀的战术。他采取了空前冒险行动，把第3舰队的十来条航空母舰从加罗林群岛的乌利西环礁拉出来，渡过1,600公里的菲律宾海面，在台湾东南一字儿排开，不顾兵家之大忌，把珍贵的"艾塞克斯"级航空母舰暴露在日本陆基航空兵的威胁下，引诱它们出来挑战。

此时，日本联合舰队的新掌门人丰田副武还在东京，他错误地判断美军将对台湾发动进攻，加上几天来损失巨大，于是命令部署在九州至菲律宾一线的岸基航空兵投入反击，准备执行"捷"二号作战计划。为此，他亲自飞往台湾坐镇指挥，并抽调部分舰载机转到岸上参战。

实际上，对丰田副武来说，除此之外他也别无选择，因为稍一犹豫，就会被哈尔西的舰载机把它们炸毁在地面上。台湾各机场上的日本飞机都升空了，他们像狼群一样扑向哈尔西，于是爆发了一场战争史上最大的陆基飞机对航空母舰飞机的空战——台湾岛空战。

哈尔西的计谋成功了。由于日军飞行员大都是刚刚毕业的年轻学员，绝大部分从未受过攻舰训练。他们训练课目的内容是如何对付敌人的地面部队，而不是拥有大量防空炮火、无线电爆炸引信、战斗机防护的机动舰艇。当他们从3,000米的空中看这些舰艇时，他们只看到了一堆火柴盒和豌豆粒，投弹精度可想而知。同时，由于燃料供应不足，这些飞行员训练极不充分，加上飞机性能同战前相比，已大大落后，所以升空作战的日机损失惨重，有600多架被击落。

目睹空战实况的日军第二航空队司令福留繁中将哀叹："这是鸡蛋撞石头的战斗！"

然而，当哈尔西正在打扫战场时，从日军大本营里却传出了日本在台湾岛附近大获全胜的新闻。日本吹嘘他们的战果："击沉敌航空母舰11艘；战列舰2艘；巡洋舰2艘……"

迷信政府的日本市民又在日比谷公园举行了盛大的庆祝活动。

日本的这一系列举动引起了美军高层的注意，就连尼米兹也向哈尔西发电询问舰队的

▲ 日军新任联合舰队司令丰田副将。

▲ 美军第三舰队司令哈尔西。

▲ 日军海军中将志摩清英。

损失情况。

对此，哈尔西嗤之以鼻。如果按日本人的说法，第3舰队早已不复存在了。其实，除两艘重巡洋舰受到重创外，其余各舰安然无恙。他给尼米兹打了一封滑稽的密码电报：

第3舰队被击沉和损坏的舰只均获救助，现正高速撤向敌人。

NO.2 静悄悄的奇袭

1944年9月的一天，莱特岛实内附近。

菲律宾进入9月份以后，天气就开始逐渐好起来，气旋活动不再那么强烈，天空清朗得很。虽然大战已经临近，但是莱特岛上却相对安静，居民并不显得慌乱。即使菲律宾海上隆隆的炮声也没有影响这一切。

在翠绿的竹林中有一个红顶的天主教堂。农舍的茅草屋仿佛是一幅东方色彩的水墨画。篱笆里有乱窜的猪和鸡，小溪流上有快朽烂的木桥。树林间开着阿拉伯素馨和兰花。啊！还有爬满青藤的西班牙古堡、绞架和旗杆。

中午，实内的几个居民吃完饭，正坐在木桥上吹风。突然，天空中飞来了三架飞机。一架大飞机在前，两架小飞机在后。前面一架是刚刚对台湾进行轰炸归来的托马斯·凯拉少尉，他没想到从半路杀出了一批日机。为了掩护其他飞机脱险，他驾着B－29型轰炸机迎头向日本飞机飞去。两架日机躲过以后，紧紧追逼，进入了莱特上空。

这时，整个空中响起了巨大的炮火声。美机在空中调头，然后翻转，对准了一架敌机，发出了一梭子弹。日本飞机和飞行员同时中弹，飞机立即像小孩学字一样拖起了长长的白烟，直直地向一片高地撞去，然后腾起一片黑色的烟柱。另一架飞机此时正好赶到美机后边，一阵机枪扫射以后，B－29身上擦出了串串火花，这时两机相距30米，日机一看打不动这个大家伙，猛地加速撞向了凯拉少尉的尾翼。

凯拉少尉感觉不妙，瞬间从驾驶舱里弹了出来。

天空中拉起了一朵雪白的喇叭花。

整个村子的居民跑了过去，救起了这位勇敢的盟军飞行员。

凯拉少尉的意外降落，使哈尔西获得了一个意外收获：莱特岛上几乎没有日军。

哈尔西立即向尼米兹建议取消棉兰老岛登陆计划，直接进攻莱特岛。

参谋长联席会议接受了这一建议。

在离原定计划还有两天的时间里，美军改变了由南向北进攻的计划，而代之以中间突破两翼扩张的计划。

10月17日上午，当莱特战役打响9分钟以后，丰田副武终于判明了美军的主攻方向。立即停止了"捷"二号作战行动。他给散布在东南亚各地的部队发出命令："执行'捷'一号作战计划，力争夜间行动。各基地航空兵要实施积极的空中掩护。"

栗田健男、小泽治三郎、西村祥治、志摩清英四支编队按原定计划各自出发了。

1944年10月22日，美国"飞鱼"号、"鲦鱼"号两艘潜艇奉命巡逻巴拉望岛以西海面暗礁区。这是一条宽25海里的狭长航道，海图上没有指明它的暗礁在什么地方，被称为"危险的浅滩"，战略地位非常重要。

23时16分，"飞鱼"号潜艇正在耐心地等待。突然，舰艇雷达上出现了阵阵回波。"来了！"艇长麦克林托克中校拿起潜望镜向目标望去。"啊！太妙了！"潜望镜里出现了一大片灰色的影子，一支庞大的舰队正迎面朝他开来。"飞鱼"号发现目标的同时，"鲦鱼"号也发现了目标。麦克林托克猜测那是日本舰队。他用话筒与"鲦鱼"号艇长克拉杰特中校通了话。克拉杰特回答说："我们上去干掉它们。""对，打它个措手不及。"

于是，"飞鱼"号在前，"鲦鱼"号在后，全速追赶敌舰。

清晨4时50分，两艇接近敌舰队，全体人员进入战斗岗位。

5时10分，"飞鱼"号掉转航向，潜入水下，潜望镜小心翼翼地伸出水面。在晨曦中，麦克林托克向东南看去，他看到栗田健男的舰队正摆成防空队形，浩浩荡荡地向他驶来。远远望去，像是海面上拔起了一幢幢高楼。他把镜头摆向西南，不禁又吃了一惊，他发现几海里外还有一支日本舰队，有战列舰、巡洋舰和驱逐舰。这时，迎面驶来的灰色舰船变得越来越大了，他甚至看到了人影晃动。

5时25分，麦克林托克看清了为首的是一艘巡洋舰，舰首掀起巨浪。这景色真是美极了。"飞鱼"号所有鱼雷发射管都做好了准备，在距离刚好不到1,000米时，日本舰队掉头向西，这就构成了极为理想的角度。

　　此时，在附近海面上的日军小泽舰队也发现了水下隐藏着两艘美军潜艇，但却不知其准确位置。正当日军舰队司令小泽治三郎对这一突如其来的情况尚未决定如何处置时，"飞鱼"号潜艇抓住战机发起了攻击。麦克林托克下令："发射！"潜艇立即朝一艘巡洋舰的探照灯打出了信号。

　　六枚鱼雷像长了眼睛一样钻了出去。这时，周围海面仍一片静悄悄，栗田的舰队竟一无所觉，仍按原航向行驶。走在最前面的正是栗田健男的旗舰"爱宕"号重巡洋舰，舰桥上的栗田中将和他的参谋长小柳正在欣赏黎明前的景色，突然，轰隆隆几声巨响，六枚鱼雷几乎同时命中目标。栗田和小柳还没弄懂怎么回事，就跌倒在了甲板上。接着，巡洋舰的弹药库发生了巨大爆炸，几名没有被炸飞的军官一下子扑倒在舰桥上，从死尸堆里扒出了栗田司令，架着他跳进了海里。

　　"鲦鱼"号艇长克拉杰特通过潜望镜，仔细观看了千余名日军官兵随舰沉没的情景，喊道："我的上帝，真像是7月4日（美国独立纪念日）的景象！军舰在下沉，在燃烧。日本人在胡乱打炮，妙极了。唉，日本军舰真经不起打，这么快就下沉了。热闹极了，热闹极了！看，那场面热闹极了！不好，做好准备！敌舰来了。"

　　"鲦鱼"号的气氛一时紧张起来，副艇长贝尼特兹少校一边听着艇长的介绍，一边注视着守在发射管旁的鱼雷射手，静候发射命令。艇长继续观察，并评述道："毫无戒备，日本人无可奈何地把自己的舰队推上了靶场，受到了左边飞鱼艇发射的鱼雷的迎接。"紧接着又传来了一阵急促的爆炸声。那是"飞鱼"号的第二波攻击。艇长望着向他开来的两艘较小的日舰说道："让它们过去，过去。"这两艘军舰后面，驶来了一个更大的目标。艇长急忙大喊："准备，注意方位，注意距离，降低潜望镜；角度，左前舷10度，发射1，发射2，发射3，发射4，发射5，发射6。"

　　"鲦鱼"号一共射出了六枚鱼雷。克拉杰特又急忙下令："急速潜航，离开这个鬼地方！"

　　小泽这时已发现了鱼雷，他命令机长向右转舵，但机长误听成是向左转舵，结果正好成了靶子，四枚鱼雷击中目标。日本重巡洋舰"摩耶"号被鱼雷炸成两截，立即下沉，1,000余名官兵顷刻丧生。另一艘日本重巡洋舰"高雄"号也被鱼雷击中。

　　正在逃离的"鲦鱼"号听到了连续四声爆炸。接着，日本舰队开始了疯狂的反扑。深水炸弹如巨雷轰顶般向两艘潜艇袭来。"日本鬼子疯了！"贝尼特兹副艇长高喊。可是，虽然日本舰队的反击来势凶猛，但却没法对准目标。他们没有雷达和声呐探测，只能胡乱地向四周抛下深水炸弹，凶狠地盲目轰炸。然而，"飞鱼"、"鲦鱼"两艇仅仅猛烈摇晃了几下，就轻松地逃出了深水炸弹的袭击地区。

就在水下攻击防不胜防之时，400多架美机像大黄蜂一样铺天盖地而来，弹如雨下。栗田舰队损失惨重，多艘战舰被击沉击伤。栗田此时已转移到"大和"号战列舰上。他没有办法，只得且战且退，向西遁逃。"飞鱼"、"鲦鱼"两潜艇浮出水面后，突然看到了受重伤的"高雄"号重巡洋舰。两艇立即决定发动联合进攻。此刻，"飞鱼"号忘记了这里是暗礁区。它突然在海图上没有标明暗礁的水域里搁浅。"鲦鱼"号只好放弃追击计划，赶紧去营救暗礁上的同伴。"高雄"号则乘机远逃。

在这场静悄悄的瞬间奇袭中，美军潜艇一举击沉了日本栗田舰队的旗舰"爱宕"号重巡洋舰和"摩耶"号重巡洋舰，重伤"高雄"号重巡洋舰。美方以一艘潜艇搁浅的轻微代价，击毁、击伤日本三艘重型巡洋舰。当捷报传到美军旗舰"纳什维尔"号上时，西南太平洋美军司令麦克阿瑟高兴地直接与两艘潜艇通话："哈罗，你们打得好极了！我命令给你们各记战功一次！"

战幕初揭，美军潜艇就先建奇功。

NO.3 愤怒的"公牛"

萨马岛南部以东海面，第3舰队的三支特遣分队正在随波起伏。

上午6时，太阳很快把清晨的烟霞驱散，一缕缕金色的阳光照射在哈尔西的旗舰"新泽西"号战列舰上。第3舰队的侦察机在圣贝纳迪诺海峡和苏里高海峡附近一带的海面细细搜索，"射水鱼"号、"雅罗鱼"号和"吉塔罗"号潜艇则在水下游弋。俯冲轰炸机，正飞越菲律宾群岛壮丽的火山崖、满植棕榈树的岛屿以及惊涛处处的圣贝纳迪诺海峡，忽见雷达屏幕上出现敌踪，立刻发出报告。几分钟之后，即看见栗田中将的第一攻击舰队，日军的中路舰队正耀武扬威地驶来。从空中看去，阳光下那些塔状桅杆很容易辨认，活像在图画中的海上散开的模型船。这是日军钳形攻势的南臂。由西村中将率领的战列舰"扶桑"号和"山城"号、重巡洋舰"最上"号以及四艘驱逐舰正向苏里高海峡疾驶。

此时，哈尔西正从雷达上盯着逐渐逼近的中路舰队，眼睛一动不动，他命令："集中所有战舰，准备出击。"就在猎物即将进入打击圈的时候，日军也发现了第3舰队，并显示出逃跑迹象。

8时37分哈尔西通过超高频无线电对讲机下达命令："开始攻击！再说一遍，开始攻击！预祝你们成功。"

"勇往"号的侦察机像"飞鱼"号和"鲦鱼"号一样勇敢地发起了进攻。它们飞进了日舰的密集高射炮火中，对准"扶桑"号就是一阵狂射。甲板上一下子倒下了一片日本兵，跟着一颗炸弹投下，正中"扶桑"号的弹射器上，四架水上飞机立即火光冲天，弥漫了整个军舰，引燃了舰上其他飞机的油舱，"扶桑"号一时火光滚滚。驱逐舰"时雨"号的命运也好不到哪里去，美机的炸弹轰塌了它的一个炮架，甲板上横躺着十几具尸体。

这时，北方的小泽为了完成诱敌任务，也下令舰载机和驻菲律宾的日机，立即向第7和第3舰队发动最凶狠的攻击。正处于吕宋以北进行监视的航空母舰"兰利"号、"普林斯顿"号、"艾塞克斯"号和"列克星顿"号首当其冲。

"艾塞克斯"号上的美军飞机立即起飞。七架由麦坎贝尔中校率领的A-25型俯冲轰炸机呼叫着飞上了天空，冲向了日机机群，其中一半是战斗机。双方激战95分钟。美军飞机在性能上占绝对优势，一下子击落了至少25架日机，己方则丝毫无损。与此同时，"普林斯顿"号上的美机也击落了34架来袭的日机；"列克星顿"号和"兰利"号的飞行员也飞上天，各自对准自己的目标，不断开火。

漂亮！一场漂亮的空战，站在甲板的美军水兵一个劲地喝起彩来。

突然，一架日机避过了雷达的侦察，从一堆低云中俯冲下来，把一枚250公斤重的炸弹不偏不倚的投在"普林斯顿"号的飞行甲板上，炸弹直穿到机库甲板，点燃了六架鱼雷轰炸机内的汽油，火势猛烈。舰员立即展开抢救。但是到了10时02分，"普林斯顿"号火光冲天，飞行甲板被炸得四分五裂，舰尾的飞机升降机被弹到半空。至10时20分，消防水管失灵，火势进一步蔓延，整艘军舰动也不能动，浓烟滚滚，上升达300米高，舰员纷纷跳入海中逃命，死尸和油污布满了海面。

上午约10时25分，正当哈尔西的北方舰队同小泽纠缠不清时，哈尔西率领他的南部攻击舰队以及从北方赶来的部分舰队向栗田编队发起了总攻。斗志昂扬的美军飞行员，用密集的火力猛攻世界上最大的战列舰"大和"号和"武藏"号。

"武藏"号标准排水量6.4万吨，满载排水量7.3万吨，舰身长263米，宽38.9米，舰上有3座三联装460毫米口径主炮，该炮最大射程40公里，弹重1,460公斤；还有4座三联装155毫米火炮，6座双联装127毫米高炮。当时世界上还没有在吨位和舰炮火力上能和"武藏"号及其姊妹舰"大和"号相提并论的战舰。当初日本人是在绝密的情况下建造这两艘海上"巨无霸"的。它们的装甲防护极好，并有分层叠装的船身，被认为是永远不沉的超级战舰。

美国一直都有关于这两艘神秘敌舰的情报，但直到这时海军飞行员才可以真正一睹其风采。同队的舰只与它们相比，有如小巫见大巫。"武藏"号很早就中了一枚鱼雷，燃油从破裂的舰侧漏出，在碧海中留下了道道油痕。但"武藏"号十分坚固，并没有慢下来。

10时30分，从美国"卡伯特"号和"无畏"号航空母舰上起飞的24架"复仇者"式飞机突破防空火网，用2颗炸弹、1枚鱼雷击中了"武藏"号的前舱。这一次袭击只使它抖动了三下，并没有丧失航行能力。

中午，美机的第二次攻击开始了。24架鱼雷机猛冲过来。"大和"号第一台炮塔前面也中了两弹，燃烧起来。不过由于舰身坚固，损毁并不严重，日军扑灭了大火。"武藏"号这时则吃了4枚炸弹、3枚鱼雷，干舷七零八落，舰首几乎没入水中，航速先是减至16节，继而减至12节。但这次袭击仿佛是"几只黄蜂叮了大象几口"，"武藏"号仍旧继续前进。

下午1时30分，美机的第三次攻击以雷霆万钧之势袭来。29架从"列克星敦"号和"艾塞克斯"号航空母舰上起飞的轰炸机将攻击的目标全都集中在"武藏"号上。"武藏"号连中4颗炸弹、1枚鱼雷。受了重伤，舰身倾斜，航行速度开始减慢。

栗田发出求救电报："请陆基航空部队和舰队火速进攻美航空母舰。"

这时，从"企业"号和"富兰克林"号航空母舰上飞来的第四批65架美机蜂拥

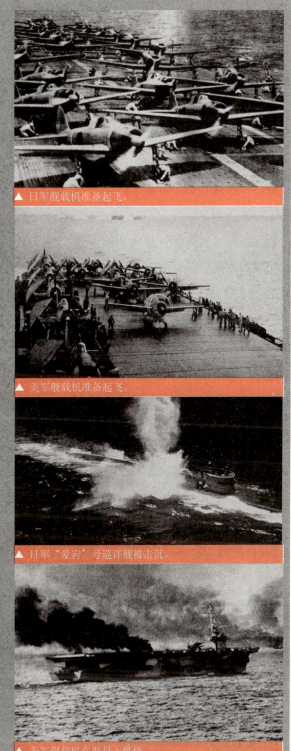

▲ 日军舰载机准备起飞。

▲ 美军舰载机准备起飞。

▲ 日军"爱宕"号巡洋舰被击沉。

▲ 美军舰载机在航母上燃烧。

而至，猛炸"武藏"号。一连 3 枚鱼雷击中左舷，炸弹在司令塔内爆炸，舰桥上的军官全被炸死。当第四次轰炸还没有结束的时候，第五批 80 架美国飞机也赶到了，又有 7 枚鱼雷击中"武藏"号，造成电力中断，舰体倾斜 15 度。

下午 3 时整，栗田下令"武藏"号退出战斗，可是太迟了。"武藏"号笨钝地转身欲逃之际，100 架美国飞机来袭，"武藏"号避无可避，15 分钟后受到致命的打击，再吃了 10 枚鱼雷，航速减至 6 节，舰首已没入水中，舰身向左严重倾侧。

下午 3 时 20 分，第七批 120 架美国飞机又冲杀过来。"武藏"号被 1,000 公斤重的穿甲炸弹和 900 公斤的 MK－13 鱼雷击中，舰首没入水中，舰体急剧倾斜。

晚上 7 时 35 分，栗田中路舰队的头号战舰"武藏"号，终于在锡布延岛附近结束了垂死挣扎，慢慢没入平静的海水里。到了日暮时分，这艘举世最大的战列舰，还没来得及对美国水面舰队发射一发炮弹，就载着 1,023 名官兵沉入了锡布延海底。

美机盯住"大和"号和"武藏"号狂轰滥炸，此时的栗田已经连喘一口气的机会也没有了。这是最漫长最难熬的一天。他盼望有飞机赶来掩护，可惜事与愿违。除了"大和"号和"武藏"号以外，较旧的战列舰"长门"号也遭受重创。原来的 5 艘战列舰、12 艘巡洋舰和 15 艘

▼ 美军将舰载机正从机库运输到甲板。

驱逐舰，只剩下 2 艘受伤的战列舰、8 艘巡洋舰和 11 艘驱逐舰。舰队航速减至 22 节。

下午 3 时半，栗田回航向西驶去。

与此同时，哈尔西发觉："还有一个未解的谜团——日本的航空母舰哪里去了？"第 3 舰队的北面特遣分队一直受敌方舰载机袭击，这些飞机可能是驻陆上基地的，而敌人的航空母舰却始终没有出现，它们哪里去了？

下午 2 时 05 分，北方特遣分队。

焚烧中的"普林斯顿"号还在冒烟喷火，但仍然浮着，救援舰只在四周抢救，舰上不时发生爆炸，而且热气炙人，但巡洋舰"伯明翰"号和"雷诺"号，驱逐舰"马里森"号、"欧文"号和"杨格"号仍靠过去，拼命抽水扑救。敌方潜艇、飞机不时攻击，使灭火行动不断被打断，拯救舰只只得撤离。

下午 2 时 45 分，巡洋舰"伯明翰"号驶回并靠近"普林斯顿"号火光熊熊的左舷。巡洋舰上的露天甲板挤满了救援人员，两舰相隔只 15 米，拯救人员已在两舰之间系上一条钢缆。突然，一声巨爆，"普林斯顿"号舰尾和飞行甲板的后部顿时开花："房子般大小"的钢板漫天飞舞；碎钢片、破烂的炮管、榴霰弹、钢盔、破碎物件等射向"伯明翰"号的舰桥、干舷和挤满人的甲板上。

转瞬间，"伯明翰"号甲板上血流成河，229 人当场罹难，420 人受伤，上层建筑破孔累累。"普林斯顿"号则雪上加霜，像火山似的不断冒烟喷火，舰上人员个个都被炸得血肉模糊。原定不久后接管"普林斯顿"号的霍斯金斯上校，一直与行将卸任的舰长留在舰上。他的右脚给炸得只剩下几丝血肉和肌腱，只好用一根绳扎住止血。舰上仅剩的一位军医用鞘刀割下他的脚，撒些磺胺粉在伤口上，又替他注射了吗啡……

下午 4 时 40 分，北面搜索行动有了收获。美机发现了小泽的诱敌航空母舰编队。这个报告使第 3 舰队人员精神为之一振。援救"普林斯顿"号的军舰奉命撤离，放弃抢救。下午 4 时 49 分，"雷诺"号向这艘火海似的航空母舰发射了两枚鱼雷，把它炸沉。在损毁不堪的"伯明翰"号上，伤亡人数远比"普林斯顿"号高，这时候正载着已死及垂死的舰员，离开战斗海域，朝乌利西群岛驶去。

哈尔西北上以后，栗田舰队却鬼使神差地向空荡荡的圣贝纳迪诺海峡返回了。

晚上 7 时 50 分，哈尔西向第 7 舰队司令金凯德发电："日军中路舰队已受重创。我与三支分队北上，将于黎明时分袭击敌航空母舰编队。"

此时，金凯德的第 7 舰队正在掩护陆军登陆莱特岛，以为哈尔西一定留有兵力控制海峡；而哈尔西则深信飞行员的报道，以为栗田的中路舰队经过当日的空袭后已无所作为，残余舰只大可由金凯德从容应付，这些误会给后来造成了巨大的麻烦。

哈尔西一心想创造辉煌的战绩，在他眼里，只有日本的航空母舰编队才是真正的对手。

10月25日，恩加诺角。

黎明时分，小泽中将的诱敌部队驶至恩加诺角东面（事有凑巧，恩加诺原是西班牙文，意思就是"引诱"或"骗局"），打算为天皇牺牲。

上午7时12分，美军从圣贝纳迪诺海峡到达恩加诺角，奔袭一夜的哈尔西终于发现了他久久期待的目标，日本的航空母舰编队。

小泽知道敌人终于上钩了，前一天，他还非常沮丧：他的100多架舰载机（除了小队巡逻战斗机之外，这就是他所有的飞机），与驻陆上的日机联合攻击哈尔西的北面特遣分队，但一直没有飞回来，很多被击落，其余的已飞往菲律宾的基地。现在，他只剩不到30架飞机。

上午8时，首批美机飞抵目标。小泽拼出家底抗击，空中到处传来美军飞行员兴高采烈的声音，"小伙子，拣一个吧！叫他们尝尝滋味。"日本舰队撒开一个色彩缤纷的高射炮火网。没多久，航空母舰"千岁"号就受了致命伤，冒出阵阵浓烟，严重倾斜，已不能行驶。驱逐舰"秋月"号被炸得四分五裂，轻航空母舰"瑞凤"号中弹，而小泽的旗舰"瑞鹤"号舰尾也吃了一枚鱼雷，舵机损毁，只能人工操舵。

9时45分，美机第二次出击，日本航空母舰"千代田"号受重创，没过多久，被美舰击沉。轻巡洋舰"多摩"号中弹，其后也被击沉。

午后，第三次出击决定了"瑞鹤"号的命运，最后一艘参与偷袭珍珠港的日本航空母舰终于慢慢倾覆沉没，"舰上还飘着一面巨大的战旗"。下午3时27分，"瑞凤"号沉没了。这样一来，两艘舰尾有飞行甲板的战列舰"日向"号和"伊势"号，就成为"剩下来最主要的目标"。它们不断受到轰炸，舰腹洞穿，甲板被近失弹爆起的大量海水所淹。"伊势"号左舷的飞机弹射器中弹，但一直没有下沉。小泽看到诱敌任务完成，便把司令旗转到巡洋舰"大淀"号上，拼命逃跑。

小泽诱敌成功的代价很高：四艘航空母舰全部报销，三艘巡洋舰损失了一艘，九艘驱逐舰损失了两艘。不过，他总算不负所托：哈尔西中了调虎离山计，梳理圣贝纳迪诺海峡没有舰只把守，使栗田这头巨鹰能够扑下来抓小鸡。

No.4 苏里高海战

入夜后，苏里高海峡漆黑一片。

奥尔登多夫奉金凯德之命在此截击日军。金凯德坚信，日军一定会在当晚设法杀进来。他和奥尔登多夫少将已部署好一切，准备打一场夜战。他们摆好阵势迎敌：在海峡南端有鱼雷巡逻艇把守南面的入口，中段则有三个驱逐舰中队，在海峡通至莱特湾的入口，又另有六艘陈旧的战列舰和八艘巡洋舰。

自早晨至晚上，美军一直没有发现日本的南路舰队。情报只是显示日军的南路舰队将通过苏里高海峡，但对这支敌人的具体信息却没有提供。金凯德一直担心这支舰队的力量过于强大，如果那样，就会增加奥尔登多夫的防守难度。

因此，金凯德一直嘱咐奥尔登多夫要做充分准备，一旦日军来的是一支力量强大的舰队，就要采取节节抵抗的手段，把敌人挡在苏里高海峡之外，等待援军到达。

具体部署是：在海峡南端有鱼雷巡逻艇把守南面的入口，中段则有三个驱逐舰中队，在海峡通至莱特湾的入口，又另有六艘陈旧的战列舰和八艘巡洋舰。

一场布控战准备好了。

日本南路舰队的两个分队，此时正大摇大摆地向苏里高开来。西村祥治率领的舰队首先驶来，采取的是传统的行军队形，走在最前面的是舰队的主力"扶桑"号和"山云"号战列舰，巡洋舰"最上"号和 4 艘驱逐舰紧跟在后面。志摩清英率领的 3 艘巡洋舰和 4 艘驱逐舰则在后面默默地跟着，两军相隔约 30 余公里。志摩从日本本土驶来，部队经过长途跋涉已非常疲劳。这两支舰队虽然几乎同时到达，却互不联系，各自为战，对友邻的计划一无所知。

志摩和西村在日本海军军官学校一同受业，却因升迁缘故明争暗斗；西村起初爬得比较快，志摩后来居上，超过了他。志摩掌管比较小型的舰队，在官阶晋升上却比西村还提前六个月。从作战经验上讲，两人都没有什么真正的才华，只是凭意气行事，而且互不服气。现在胜利似乎就在眼前，跨过苏里高，就是莱特湾。

这时，大雨如注，雷电交加。整个苏里高海峡静得出奇，海鸟在凄厉地叫着，海峡两岸显出黑沉沉的轮廓。

"注意前方，搜索前进，驱逐舰恢复战斗队形。"西村知道，他已经到达苏里高海峡了。这里离胜利只有一步之遥。他相信，既然一路上没有遇到任何敌人，这是最后的关口，敌人肯定会在这里等他。

西村没有猜错，金凯德正是在这里张好了口袋。

晚上 10 时 36 分左右，鱼雷巡逻艇的雷达发现敌踪。

奥尔登多夫命令鱼雷艇编队前进攻击。39 艘鱼雷艇在朦朦的夜色中，像一个个奔跑的幽灵驰骋在海面上，分成四批，成半月形包围过去。

与此同时，西村正目不转睛地瞅着前方，所有的战舰都已高度警惕。一会儿，雷达声传进了他的耳朵。是的，那是敌人的声音，是鱼雷艇的声音。他传令部队按照夜间遭遇敌鱼雷艇的预先演练计划发起攻击。

战斗就要打响了。

当鱼雷艇就要接近日军军舰时。突然，日本舰队的所有军舰都开启了灯火，整个海面如同白昼。奥尔登多夫的鱼雷艇还没驶至适当的射程就暴露了目标。两艘驱逐舰已经从两边驶了上来。对准鱼雷艇编队就是一阵炮击。鱼雷艇152号中弹起火，但恰好一枚偏离的炮弹溅起了水柱，正好把火扑灭；鱼雷艇130号和132号相继中弹，人员死伤不少。

虽然鱼雷艇初战不利，但是西村此举也犯了一个错误：他的军舰全都暴露在了美军的眼皮底下，奥尔登多夫由此知道了西村舰队的航向、速度、阵形和数量。他发现，西村编队并不强大。只有两艘战列舰，没有航空母舰。于是，他开始大胆攻击。

更多的鱼雷快艇向日舰驶去，并发动了连续猛攻。与此同时，奥尔登多夫下令泊在海峡中间的驱逐舰迅速增援。

菲拉格中校在第54驱逐舰中队旗舰"里米"号上向舰员广播："大家注意，我是舰长。日本舰队要阻止我军登陆莱特岛，所有军舰要开足马力向前移动，我们一定要截住敌舰，愿主保佑我们。"

驱逐舰沿海峡的两边向前进击，很快进入了射击范围，美国军舰的炮火开始怒吼。日本的探照灯被炮火轰灭了。海面漆黑一片，已经分不出哪里是舰影，哪里是山影，雷达屏幕上也一片模糊，看不清军舰位置的光点。

凌晨3时01分，奥尔登多夫通过侦察确定了日舰的方位，驱逐舰发射了第一批鱼雷，几分钟后，鱼雷准确命中目标。与此同时，舰炮也喷射出巨大的火球，被击毁的敌舰燃起了熊熊大火。不出半小时，西村舰队已遭受重创：笨重的旗舰"山城"号中弹，火光映红了半边天空，爆炸声使大海和海岸都在猛烈地抖动；驱逐舰"山云"号也中了鱼雷和舰炮，向来被称为炮术准确和惯于夜战的日本水兵此时完全失去了优势，夜间找不到敌舰，炮弹远离目标。

西村怒不可遏，他以旗舰"山城"号作掩护，命令其它军舰继续前进。

"我们受到鱼雷攻击。你们继续前进，见船就打。"这是西村发出的最后一道命令。

战列舰"扶桑"号、巡洋舰"最上"号和驱逐舰"时雨"号接到西村的命令后，开始拼命向莱特湾冲击。但是美军的炮火像雨点一样射过来，日舰根本无法通过。

凌晨四时，一枚鱼雷击中了"山城"号的正中位置，引爆了军舰上的弹药库，"山城"号立即发出了冲天的火焰，整个天空通红一片。4时19分，"山城"号终于倾覆下沉，西村拒绝下舰，他抱着司令旗杆沉入了水中。

"扶桑"号按西村的要求奋力前进，由于峡口很窄，军舰只能一艘一艘地通过。美军军舰则扼住海峡口，一会儿一字儿摆开，一会儿往来游弋，机动出击，把排成一路纵队拼命向前的日舰一艘一艘地消灭。美舰的舷炮可集中猛轰为首的敌舰，但敌舰只能从舰首炮塔发炮还击。

海战进入了新的高潮。

随着奥尔登多夫的一声"攻击"命令，驱逐舰做出了沉重的最后一击。巡洋舰也投入了战斗。黑夜里只见红红的火焰在空中乱窜，弹如雨下。"扶桑"号和"最上"号已经身披数弹，两舰燃起了熊熊大火，舰身震动不已。不久，"扶桑"号上发生连串巨爆，一块块汽车大的铁块飞上天空，整艘军舰顿时化为火海，海面上则热浪滚滚。大火一直烧到天亮，最终"扶桑"号断为两截，没入水中。着火焚烧的"最上"号稍后沉没。"时雨"号驱逐舰一看不妙，掉头就跑。

当西村的尸骨已经吞到鱼肚里时，志摩编队悠悠地到达了。

志摩是一个大胖子，走起来显得十分笨拙，他知道前面有西村开路，他在后面就没有什么可怕的。他所做的就是养好了精神准备决战取胜。所以，他走得既清闲，又放心。当西村遭受灭顶之灾时，志摩还在蒙头大睡。他的态度古怪、蛮横，没有人敢叫醒他。

► 美军战机降落在航母甲板上。

美军指挥官正在研究作战方案。

即使前方战到了最后关头，他还在舰桥上酣睡。

当志摩舰队到达战场时，海面上正冒着巨大的热气，日本军舰和死亡官兵的尸体已经阻住了海水的流动。一群群沙丁鱼正成群结队地在海面上活蹦乱跳，有几只则混进浸泡在海水中的日本水兵的衣服里，掉着尾巴钻来钻去，鱼的啃咬声和争食声嘈杂可闻。

水兵们都奔向了甲板，他们被眼前的一切惊呆了。

他们的吵声惊醒了舰桥里的志摩。他正懵在睡意中，十分烦恼，闭着眼睛问他的参谋，"怎么了？"

参谋们战战兢兢地告诉他，海里全是日本的军舰和日本水兵的尸体。

"什么？我们的军舰，是谁指挥的？"

"西村中将。"

"啊！"志摩不禁惊出一身冷汗。"他人在哪儿？"

"这里一个活着的人也没有。刚才有一艘驱逐舰向后方开去了，它什么也没说，只是讲舰舵发生故障。"

志摩望了望，突然发现眼前有一大堆黑影，不禁大吃一惊，急忙下令发射鱼雷。

结果，击中的竟然是西村的"最上"号。由于热气蒸腾，天色微明，距离判断不准，志摩的旗舰"那智"号竟然撞在了"最上"号上。甲板上的水兵全部飞了起来，然后又重重地摔倒在甲板上，连志摩也差点儿飞下舰桥。他惊慌之余，不敢恋战，还是逃命要紧。

志摩平日里因信誓旦旦为长官欣赏，所以他提拔很快，但是到了关键时刻，他把自己以身殉国的誓言忘得一干二净，掉头折回民答那峨海。

苏里高海峡之役在黎明时分结束，日军一败涂地。美军只损失了一艘鱼雷艇，另有一艘驱逐舰受创，日军钳形攻势的南臂已被折断。

No.5 上帝护佑我们

10月25日，萨马岛东南海面。

10月25日早上，萨马岛附近海面一片平静，微风吹拂，天色阴暗，偶尔下一阵雷雨。在第7舰队的16艘航空母舰及其护航巡洋舰和驱逐舰上，黎明警戒行动已经解除。除了要到北面巡逻的侦察机外，负有任务的飞机都已起飞，不少舰载机已在莱特岛上空支援地面部队，巡逻战斗机队和反潜巡逻队也出动了；在航空母舰"芬沙湾"号上，斯普拉格少将正在喝第二杯咖啡。

又是忙碌的一天。

一大早，斯普拉格就给各个舰队区分了任务：由小型护航航空母舰支援雷伊泰岛上的部队登陆作战，同时负责莱特湾上空的空防和反潜艇巡逻，舰载机要执行一场扫残任务，配合金凯德肃清苏里高海峡夜战后在逃和受创的日舰。护航航空母舰在棉兰老岛至萨马岛以东一带的海面警戒和巡逻；北面分队由6艘护航航空母舰、3艘驱逐舰和4艘护航驱逐舰组成，在萨马岛中部对开约80公里处，负责监视圣贝纳迪诺海峡的出口。这些护航航空母舰是单薄的轻装甲舰只，由商船或油轮改装而成，可以载18至36架飞机，最高航速为18节，不足以逃避敌人的追击；配备以单薄的舰身和最大也不过130毫米口径的"蹩脚舰炮"，不适宜在海面上交战。他们虽然用途有限，但也可以为岸上部队提供空中支援，负责反潜和防空任务。

一切都安排停当。

但是，斯普拉格万万没有想到，他已经大祸临头了。

他的第二杯咖啡还没喝完，扩音器便传来发现敌踪的消息。一名反潜巡逻队飞行员报告在32公里外发现日军的战列舰、巡洋舰和驱逐舰，正以全速驶近。斯普拉格少将下令再看清楚，心想那个飞行员可能是新手，误把哈尔西的快速战列舰当作敌舰。

飞行员的答复简短急促，显然很紧张："证实侦察无误。"报告在一片无线电干扰声中传来，"舰只有塔式桅杆。"几乎在同一时间，无线电报员收听到日本人叽哩咕噜的谈话声；北面的护航航空母舰分队看见西北天际迸出朵朵高射炮火；雷达屏不断哗哗作响，显示附近出现了不明舰只，还没到上午7时，一名信号员已在望远镜中看见日舰的多层上层建筑和典型的塔式桅杆。

美舰人员惊愕万分。护航航空母舰、金凯德中将本人以及第7舰队的大部分人员，一直以为日本的中路舰队仍在菲律宾以西，而哈尔西的快速战列舰还在把守圣贝纳迪诺海峡。他们又哪里知道哈尔西这时远在北面的恩加诺角与日本航空母舰交战？

栗田不是已经折向西去了吗？它怎么又折回来了呢？

原来，当栗田打算放弃进攻时，大本营命令他不能撤退，只有向前，没有退路。栗田只好硬着头皮重新杀了回来。当他战战兢兢地走在圣贝纳迪诺海峡上的时候，他的鼠眼紧张得连眨都没眨一下。当时，天已经黑下来了，夜幕又一次笼罩了他的舰队。但是，栗田的内心却紧张得要死，"这狭窄的圣贝纳迪诺海峡是否会有水雷？哈尔西的战列舰是否已在海峡出口摆好了'T'字阵列？"他满腹狐疑。

栗田内心越想越恐惧，但帝国命令不可违抗，他还是要回到攻击目标上来。看来已别无其他选择了，只有"仰仗神明庇佑"了。栗田命令整个舰队列成编队，做好在海峡口炮战的准备。接着，栗田向舰队全体官兵发出了一道措词直率的命令："冒全军覆没的危险，猛进突破，一举歼灭敌军。"

接到命令之后，面色憔悴、神情紧张的日本水兵立即登上了炮位，不知道等待他们的是什么样的命运。

25日1时左右，栗田对舰队伤亡情况和续战能力进行了统计，经受攻击之后还有4艘战列舰、6艘重巡洋舰、2艘轻巡洋舰和11艘驱逐舰可供驱使，这仍然是一支不小的力量。栗田想了想，忽然又增加了信心。随后，他率领舰队浩浩荡荡地驶进了圣贝纳迪诺海峡。

奇怪，美军哪里去了，周围死一般沉寂，用雷达对周围50海里的海面进行了快速扫描，也没有发现任何情况。

此时，先头部队已经到海峡中段。慢慢地，日舰就要到达海峡出口了，依然没有任何敌人来袭。栗田有点紧张。

"难道美军走了？怎么连一艘警戒的小船都没有！"栗田十分惊讶，同时心中重新燃起了希望之火。不知不觉，栗田惊异地发现，他和他的舰队已不可思议地通过了圣贝纳迪诺海峡，进入了萨马岛以东的海面。从这里，他可以沿萨马岛东岸南下，然后向莱特湾进击！

天色越来越亮，一轮红日从东方的海平面上冉冉升起，舰队以防空队形航行。

6时45分，日军望哨突然发现东南水平线上有4根耸立的桅杆。栗田及参谋人员又惊又喜。

"那是什么？"栗田问。

"将军，那是航空母舰。"

"美国鬼子原来在这里等我们，他们为什么离开圣贝纳迪诺海峡？他们到这里来是进行补给吗？还是另有所图。"栗田自言自语。

"不管是哪一部分，消灭它再说。"栗田的参谋长建议。

"极是。立即传令：抓住天赐良机，保持现有队形，立即突击。"栗田发出了紧急命令。

实际上，这支美军舰群是斯普拉格海军少将指挥的第7舰队中的护航航母小队，代号"塔菲3号"。

此时，斯普拉格已弄清了眼前的敌人。

事实摆在眼前，栗田来了。一边是栗田的舰队，一边是莱特湾内那些运输舰、供应舰、两栖舰艇，以及沙滩上的陆军总部、供应品积集所，中间只有这些护航航空母舰和伴随的驱逐舰及护航驱逐舰。

"绝不能让日舰冲进莱特湾。要引开他们，争取时间。"

那边，栗田已经发起攻击了。

看见敌舰不出5分钟，"大和"号战列舰上的460毫米口径巨型炮弹已在头顶呼啸而过。美舰周围掀起了高达百米的巨浪。这是"大和"号战列舰自1941年建成后，第一次实战射击。顷刻之间，日军各舰炮火齐鸣，美军被猛烈的炮火覆盖着。

到7时05分，已有几枚炮弹击中正在赶快让飞机起飞的护航航空母舰"白普兰"号，染了色的炮弹爆起了红、黄、绿、蓝的各色水柱，哗啦哗啦落下，弄得整艘舰左摇右摆，毁了右舷的机舱，冲开了断电器，把飞行甲板上一架战斗机冲离支架。

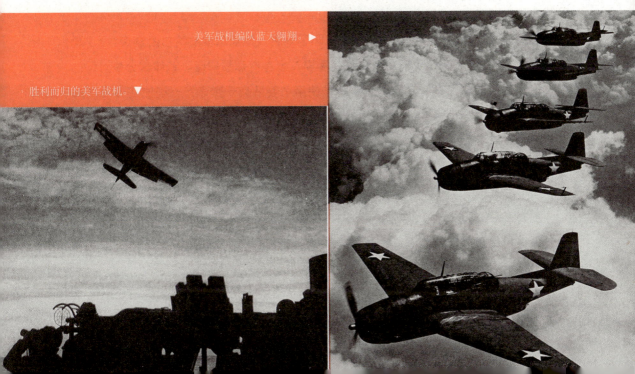

美军战机编队蓝天翱翔。▶

胜利而归的美军战机。▼

"白普兰"号放出烟幕，日舰转攻"圣洛"号。有几枚炮弹险些命中，碎片夺去了不少舰员的性命。大小舰只慌忙放出烟幕，得到一个喘息机会。

这时，美军的战机已经起飞，大部分只配备了小型炸弹、杀伤炸弹、普通炸弹或深水炸弹，对装甲舰不起什么作用，更换弹药已经来不及了。

警号响彻海面。

7时10分，斯普拉格拼命向金凯德呼救：

"日本舰队离莱特岛滩头只有3小时的航程；小型护航航空母舰可能全军覆没。"

金凯德大吃一惊。因为斯普拉格使用的是非密码语广播。这种广播只有在万分危急的情况下才使用。

金凯德紧急呼叫哈尔西，要求给予支援。

哈尔西却回电说："我正率部攻击敌航母，难以脱身。"

金凯德又电令镇守苏里高海峡的奥尔登多夫率战列舰编队火速北上支援。

不料，奥尔登多夫也说："此时油弹不足，尚需补给。即使不补给也要2个小时以后才能赶到。"

2个小时以后，日军舰队早已将第7舰队消灭了，莱特岛的运输船和堆积如山的滩头物资早就上西天了。怎么办？金凯德心急如焚。

如果所有的援助不能到达，这就意味着，他将独自应付栗田健男的庞大战列舰编队。但是，他几乎没有空中力量，而以地面力量同战列舰对抗，必输无疑。

金凯德紧接着向尼米兹发出了紧急信号，要求立即派遣快速战列舰来增援，并请航空母舰派飞机出击。

远在夏威夷的尼米兹也被眼前的事实吓了一跳。他焦急地向哈尔西查询：

"第34特遣舰队在哪里？重复，在哪里？全世界都想知道。菲律宾公牛。"

在莱特湾和苏里高海峡，无线电警号使第7舰队疲于奔命，一些泊在苏里高海峡的旧战列舰和巡洋舰被召回，组成一个特遣小组，匆匆装上弹药和加添燃油。当时第7舰队重型舰只的准备状态并不十分好，要在海面连续作战就更为不妙。它们已经炮轰了海岸五天，弹药所余无几，苏里高夜战也用去了大部分的穿甲炮弹；驱逐舰没有多少枚鱼雷，很多舰只燃油不足。

前方，萨马岛对开海面。

斯普拉格正以他的"塔菲3号"英勇地顶着。面对强大的敌人，要保护莱特湾，只有牺牲护航航空母舰，而且引得越远越好。

斯普拉格传令舰只转向，全速逆风东驶，从日舰正前方跨过去，把日舰引向东去。不

▶
美舰"约翰斯顿"号舰长埃文斯海军中将，
后随舰一起沉没阵亡。

到 20 分钟，双方距离缩至 23,000 米，美舰已在日舰大炮的射程内，而美舰的 130 毫米口径舰炮却丝毫不能威胁日舰。

由埃文斯中校指挥的驱逐舰"约翰斯顿"号还没接到命令（斯普拉格少将在 7 时 16 分发下命令），即沿着舰炮齐鸣的航空母舰旁边以高达 30 海里的时速冲过去，向敌方重巡洋舰"熊野"号连发十枚鱼雷，一边冲前，一边以 130 毫米口径炮向敌舰不停发射，一直丝毫无损，到掉头撤退时才中了三枚 350 毫米口径炮弹，跟着又吃了三枚 150 毫米口径的炮弹，舰身洞穿。舰长受伤，舵机、后锅炉舱和机舱被毁，尾炮和回转仪罗盘给打掉，许多舰员受伤，时速减至 17 海里。

斯普拉格的航空母舰分队此时正躲在浓烟里。这时适巧遇上一场暴雨，得到片刻喘息。暴雨也暂时救了受创的"约翰斯顿"号。等他们从浓烟里出来时，日舰已经在它们身后不远。斯普拉格立即转向南行，敌人在两翼和后面穷追不舍。时速 30 节。

施放烟幕已经没有任何作用。为了赢得时间，斯普拉格命令：

"警戒驱逐舰发射鱼雷。"

一声令下，美军 3 艘驱逐舰"希尔曼"号、"赫尔"号、受创的"约翰斯顿"号一起发出了怒吼。"约翰斯顿"号的鱼雷已经打光了，只能用舰炮射击。3 艘驱逐舰向日本的战列舰发动了进攻，3 艘轻装甲舰对付 4 艘小型战列舰、8 艘巡洋航和 11 艘驱逐舰。"约翰斯顿"号紧接着"赫尔"号和"希尔曼"号向前行驶，在阵阵雷雨中出没，烟囱冒出了油腻颜色的黑烟，舰尾则吐着从烟幕施放器里喷出的白烟，把舰身重重围绕。它们一直向前冲，又不时倒退以免相撞，逐渐逼近敌舰。对方那些 350 毫米口径的炮弹像"特别快车"似的在它们头顶飞过。驱逐舰向一艘重巡洋舰发射鱼雷，以 130 毫米口径炮轰击一艘战列舰的上层建筑，又在 4,000 米的距离发射最后一批鱼雷。然后"希尔曼"号舰长哈拉韦冷静地走进指挥室，向斯普拉格少将报告说："任务完成。"

再看这几艘驱逐舰："赫尔"号坏了左舷发动机，需要人手把舵；甲板上七零八落，血迹斑斑；射击控制和动力没有了；爆裂的蒸气管喷出的滚热蒸汽，加上第3号输弹舱冒出的火焰，把第3台大炮罩住；一枚近失弹使第5台大炮的轮系卡住了，第4台大炮给轰掉半截炮管；但第1和第2台大炮仍然继续发射。到八时半，右舷发动机不再运转；所有机舱都积了水；"赫尔"号慢慢地停了下来，舰上在猛烈焚烧，敌人炮弹还不断射来。8时40分，舰身倾侧二十度，舰员奉命弃舰。15分钟后，舰向左翻侧，舰尾首先沉没，下沉时仍不断吃了不少大口径炮弹。在"希尔曼"号，敌人炮弹的鲜红染料混合着舰员的鲜血，把舰桥和上层建筑染得一片通红。一个装豆酱的箱子被击中，甲板上糊满棕色的豆酱。"希尔曼"号中了多枚炮弹，仍然左闪右避，侥幸逃离战场。受创的"约翰斯顿"号却没那么幸运。它四面都是日本战舰，炮弹如雨点般飞来，结果在"赫尔"号沉没后大约一小时下沉。

4艘较小和较慢的护航驱逐舰联合发动第2次鱼雷攻击，结果"雷蒙德"号和"巴特勒"号胜利完成任务，"丹尼斯"号的大炮损毁，而"罗勃兹"号却完了。它陷在一片硝烟及炮弹溅起的水柱之中，中了多枚重型炮弹，航速减低。上午9时，一排齐射的350毫米口径的炮弹像罐头刀般割破它的左舷，毁了一个机舱，引起了熊熊大火。"罗勃兹"号自烟囱至舰尾已被轰成"一堆废铁"，动也不动地躺在水里。但第2台大炮的炮手仍继续装炮弹、瞄准，然后发射。他们知道这样做非常危险：每次发炮后炮膛内都会留下燃着的弹药碎屑，假如没有压缩空气清除碎屑，软绵绵的炸药包便可能在炮闩还没上好之前爆炸。不过，他们仍奋不顾身发射了6枚炮弹。第7次发射时，大炮爆炸，大部分炮手当场丧生；炮身被炸成一堆扭曲的废铁。炮手长卡尔的躯干自颈至腹裂开，但双臂仍然抱着最后的一枚24公斤重的炮弹，临终前还在喘着气央人帮他上炮弹。

最倒霉的要数那些笨重的护航航空母舰，它们作为诱饵受到了最猛烈的攻击。即使烟幕、暴风雨和鱼雷攻势都救不了它们。栗田已派遣巡洋舰出海兜截，由南面追到西南面。斯普拉格的航空母舰负创向莱特湾驶去，敌机左右进逼，在后面穷追不舍。日舰的大口径炮弹激起一道道45米高的水柱，航空母舰左闪右避，并以130毫米口径炮还击。"芬沙湾"号中了4枚200毫米口径炮弹，另有2枚险中，结果飞机弹射器被毁，舰壳穿了多个窟窿，有多处着火焚烧。"加里宁湾"号中了14弹；"白普兰"号被击中多次，从首到尾都在剧烈震动。但单薄的舰身反而救了它们，多数巨型穿甲炮弹直穿而过，没有爆炸。随后的"甘比尔湾"号缓缓行驶，迎风的一边得不到烟幕掩护，被敌火打中，一枚炮弹落在舰旁，报废了一副发动机，航速减到11节，后来干脆一动不动，成了敌人的舰靶子，在随后的一个小时里，差不多每分钟就被敌舰舰炮击中一次。上午9时左右，"甘比尔湾"号终于在连串爆炸及熊熊火光中沉没。

斯普拉格的努力没有白费。他们拖住了栗田的舰队，使其浪费了宝贵的时间，暂时放弃了向莱特湾进军的目标。

当时，莱特湾内，美军人员正在忙于备战，以对付敌舰。

9时半左右，美军的护航航空母舰北面分队已被包围，中路分队也遭到了打击，16艘护航航空母舰上的一些降落的飞机受到了日舰炮火的打击，共损失飞机105架。两艘驱逐舰、一艘护航驱逐舰和一艘航空母舰已经沉没或正在沉没；两艘航空母舰、一艘驱逐舰和一艘护航驱逐舰严重损毁。"基特肯湾"号上，一名军官自嘲道："快了，小伙子，我们正把敌舰引进400毫米口径炮的射程。"

就在这万分危急时刻，9时11分，栗田健男突然停止了炮袭，结束了战斗。

"噢，去它的，"一名水手说，"他们竟溜了。"

斯普拉格的招数也用尽了。他当时正处于极端绝望的状态。就在这时，他接到了日舰突然停止射击的报告，闻听此言，他睁大了惊恐的眼睛。

"他们要去哪儿？"斯普拉格认为栗田一定是想明白了，还是向莱特湾进攻最重要。这将使斯普拉格的努力全部化为乌有。

"将军，日本舰队向东南方驶去了。"

"东南，那不是莱特湾吗？"斯普拉格面如土色。

"将军，莱特湾在西南方向。"

"敌人要绕过去。"

"命令所有舰队正直向南开进，不惜一切代价把敌人挡在莱特湾外。"

斯普拉格拿起望远镜，栗田的舰队的确是向东南方驶去，他命令美舰同日本舰队保持一定距离，缓慢跟进。对日本舰队来说，也面临艰难选择。

原来，栗田舰队分得很散。"大和"号与大部分舰艇失去联系。栗田考虑到冲入莱特湾后的燃料问题，便下令停止追击，向"大和"号靠拢。

10时30分，栗田舰队集合完毕，开始南下。

11时20分，航向东南，向最终目标——莱特湾进击。

12时30分，栗田对战场情况作出如下判断：

一是因为与美航空母舰群交战而耗费了时间，失掉了策应苏里高方向部队的时机，因此不到午后不能冲入莱特湾。二是在午前的战斗中，根据美军"请求援助"和"2小时以后"

▲ 美军士兵正在修筑工事

的报文内容，美舰船不在湾内的可能性很大。三是窃听电报得知：美方命令航空母舰飞机在塔克洛班基地着陆，又在莱特岛南面集中以多艘航母为主体的舰队，日方如冲入湾内，在狭小海面无法自由行动，将受到美大量飞机的集中攻击，战况对日方十分不利。

基于上述判断，12 时 36 分，栗田下达"全舰队北进"的命令。栗田想在莱特湾外与赶来支援的美军舰队再决战一场。可是，在游弋了 40 分钟之后，美舰没来，莱特湾的护航航母和第 34 特混大队前来增援的 70 艘美机，对栗田舰队进行突击。此时，日军岸基飞机也赶来参战，双方进行了激烈的空战，各有损失。14 时，麦凯恩指挥的第 34 特混大队对栗田舰队又进行第二次攻击，"大和"号也被命中 4 枚炸弹。

经过两个多小时毫无作为的游弋之后，栗田于 16 时 18 分，下达了全速向圣贝纳迪诺海峡突进的命令。

"我的天。"身临绝境的斯普拉格终于从死亡地狱中逃了出来。

21 时 30 分，栗田舰队到达圣贝纳迪诺海峡东部入口，而哈尔西率领的快速战列舰编队 3 小时后才到达。这时战斗早已结束了。

栗田突然撤返，留下了海战史上的一段不解之迷。

在萨马岛海面那场生死大搏斗中，美军坚决果断地向日本舰队发起了攻击，击落 100 多架日机，投下了 191 吨炸弹和 83 枚鱼雷，使日舰只能竭力闪避。美军施放的烟幕也扰乱了日本人的视线。同时，空袭越来越猛烈有效，因为中路和南面分队护航航空母舰的飞机已加入战斗，而部分支援登陆行动的飞机也赶来助战。美舰飞行员向日舰猛烈扫射，投掷深水炸弹和杀伤炸弹，弹药用尽之后，还在日舰的桅顶乱窜，以图争取时间，分散敌人的注意力。此外，美军舰只发射和飞机投下的鱼雷也摧毁了不少日舰。栗田舰队的军舰由于航速相差很大，分散颇广，巡洋舰"熊野"号中了鱼雷，航速减至 16 节；巡洋舰"筑摩"号和"鸟海"号沉没；其他舰只的上层建筑、海图室、通信设备等都被美舰的 130 毫米口径炮和飞机的扫射破坏了。日军陷入了各自为战的状态，栗田已不能控制形势，无法估算战况。他以为哈尔西庞大的舰队就在附近，而且日军钳形攻势的南臂已在苏里高海峡折断，远在北面的小泽也一直没有消息，不知他诱敌成功与否。

正是在这种复杂的形势下，栗田为了保全日本海军的力量，下达了回航命令，就此错过了冲进莱特湾的良机。

斯普拉格少将在事后的报告中就这个不可思议的结局写道：

"敌人……没把我们这个特遣小组一举歼灭，一方面因为我军连用烟幕成功，并且使用鱼雷反击，另一方面因为全能的上帝特别眷顾我们。"

第五章

莱特湾登陆战

　　1944 年 9 月 8 日，美军参谋长联席会议向美军西南太平洋
战区司令部发布命令，确定 10 月 20 日为向菲律宾"攻击发起
日"，并决定首先攻占莱特岛。莱特岛位于菲律宾最大岛吕宋
岛的东南、棉兰老岛的北面，扼守菲律宾中部苏里高海峡的要冲，
具有重要的战略地位。一场血腥大战马上就要开始了

NO.1 "我回来了"

珍珠港会议敲定反攻菲律宾，正合麦克阿瑟将军的心意。

在他心里，对这个日子的期待成了他的精神支柱。现在，这种期盼行将变为现实，他已经从精神的低谷"解放"出来了。

现在，他已经走在了重返菲律宾的航途上。

"纳西维尔"号重巡洋舰驶离了荷兰蒂亚港，走着Z字形反潜航线，目标对准真方位315度，那就是1521年3月16日麦哲伦走的方向，从那个方向过去，目的地就是菲律宾，这块令他魂牵梦绕的地方，384年前西班牙人征服了它，他的父亲率兵把它夺了过来；日本人2年前又把它夺走了，现在他要再率兵把它夺过来。

这的确是一个伟大的时刻。

"纳什维尔"号汇合在一支从南往北跨越太平洋的空前庞大的远征船队里。它们从荷兰蒂亚和马努斯岛汇集起来，仅水手和海军就有5万人；千舟跨海，无数锋锐的舰首劈开巨浪，场面宏大，蔚为壮观。

麦克阿瑟站在"纳西维尔"号的舰桥上，双手反握在背后，嘴里叼着一只玉米芯烟斗，鼻梁上架了一副太阳镜。他在回想着近千个日日夜夜中，他都在梦想的这一天。曾经有过多少次不屈不挠的努力、挫折、奋斗、沮丧，搏斗和牺牲，他终于赢得了一场精神战役，硬从别人嘴里抠出了这块肥肉，他用自己的实力证明了他过去的诺言，扭转了自己的命运，把握住了自己。"纳西维尔"号航程的终点站就是菲律宾的土地。随着螺旋桨推进器的每一下转动，他就一点一点地接近他追求的目标。

1944年10月19日，星期三，这将是一个值得纪念的日子。

麦克阿瑟情绪高涨，他已经聚集了20万大军，万事俱备。在他手下，有三员大将，分别是陆军的克鲁格，海军的金凯德，空军的肯尼。这三个人在短暂的共事中，已形成了牢不可破的友谊，在跨越太平洋的过程中，已经无法分离，缺少了哪一个都不能完成任务。麦克阿瑟曾这样评价他们：如果没有肯尼的B-17掩护我的上空，我将不得不靠一叶轻舟涉水上岸，此行甚至会失败；如果没有克鲁格的坚决和果断，我们的士兵将会在前进中丧失攻击的方向和目标，美国青年就要为此多付出几万人的代价；如果没有金凯德的支持，无论我们在哪里登陆，心里都是不安的。

攻击日期定于10月20日，将军在做涉水上岸前的最后私人准备。

他把那支家传的短筒大口径旧式手枪放到旅行袋里，以防登陆时的不测。他命令所有的军官——不论是陆军的还是海军的——律戴上钢盔，装上盛满阿托品药片的棕色药瓶——菲律宾的疟疾可开不得玩笑，他自己也如此照办，毫不含糊。他戴上自己的腕表，他很少戴表，而习惯于让他的部下向他提醒时间，这是他的大将风度。最后他整理了一遍他的演说稿。稿子很短，但无疑是历史性的。他准备一踏上菲律宾的土地就对着麦克风讲下去。他的声音将由"纳希维尔"号上功率强大的电台播出，传遍菲律宾的土地和天空，传遍全世界。他想像着菲律宾人如何在收音机前侧耳聆听他的演说。

他很激动，很想知道这次演说的客观效果，为此不得不找几个心腹来看看演说稿，提点儿意见。他的私人医生埃凯尔伯格直率地说："这很像一个小孩重返故乡时发出的欢声笑语。您最好别这样说。"

"应该怎么说？"麦克阿瑟问。

"战斗激烈进行，容不得这么四平八稳的演说。"其他两个校官也打边鼓："对于基督徒来说，读《圣经》，有它的 1/3 篇幅就足够了。"

麦克阿瑟很恼火，他用指关节不停地敲着桌面，然后一下子冲到他们面前吼着："孩子们，我希望你们知道我在提到上帝的时候所怀有的最深的敬意。"又过了一会儿，他才说："那我就把这三大段删掉吧。"

10 月 19 日夜，麦克阿瑟的强大舰队在莱特湾以东海面会合。

天色漆黑，没有月光。麦克阿瑟站在"纳什维尔"号的船舷上，低头俯视冥冥的海水，再抬头仰望漆黑的天空，心中顿时升起一种好像被裹在一件无形的斗篷里的感觉。战前的气氛，沉默中透着紧张。人们难以入睡，或凭栏凝视着黑夜，或在甲板上踱来踱去，或挤在军官们的起居室里围看地图，或躺在吊床上计算着时间。很少有人说话，大家都陷于沉思和不安之中。

副官考特尼·惠特尼问麦克阿瑟："将军，有这么强大的舰队归您指挥，您一定有一种大权在握之感吧？"

麦克阿瑟回答道："不，考特，不是这样，我不禁想到这许多美国的好孩子，明天一早就要死在海滩上了。"

说完，他回到舱内，翻开《圣经》，读了几个经常给他灵感和希望的段落。他向仁慈的上帝祷告，保佑这里的每一个人在早晨都平安无事。

那一夜，他睡得很香。

登陆地点是麦克阿瑟亲定的，位于莱特岛首府塔克洛班镇和杜拉古镇之间宽广的海滩上。1903 年，23 岁的道格拉斯中尉曾到过这一带。

在菲律宾，莱特岛像个楔子插入萨马岛与棉兰老岛之间，形状像一颗大臼齿。其东海岸是一片长 50 多公里的肥沃平原，从东部海岸向内陆深入几公里，是地形复杂的沼泽地、河汊和水网稻田地。如果在雨季，除非走大路，否则这里简直无法通过。在平原北部尽头，是塔克洛班，中间是杜拉格。麦克阿瑟决定从这里寻求突破口。

现在，他回来了，他一生中最激动的黎明终于来临了。

微明时分，从北到南整个莱特湾里泊满了各种型号的大大小小的美军舰只，阴云低压，光线暗弱，灰色的军舰映在铅色的天空和铁青色的大海的背景上，逼真而雄浑，壮观而冷峻，是一曲每个音符和切分音都遍布杀机的战争交响乐。

太阳初升的时候，冲锋号响了。

晨曦中，朝霞映亮了莱特湾的碧水，莱特岛东岸的城市背后露出丛林覆盖的山峦。登陆开始是一阵爆发性的射击，接着万炮齐鸣，五彩缤纷的信号弹蹿上天空。火箭弹的烟雾把天空划出杂乱无章的痕迹，难看的不祥的黑色烟柱开始上升。头顶上，密密麻麻的飞机直冲入大动乱中，斑斑点点的黑色登陆艇搅乱了平常闪烁着宁静绿波的海面，驶向海滩。红滩和白滩位于塔克洛班，紫滩和黄滩位于杜拉古。一场东方的诺曼底之战在这美丽的色彩变幻中打响了。为了专门同艾森豪威尔在诺曼底的 D 日区别，麦克阿瑟把这天定为 A 日。

麦克阿瑟要亲自冲滩。这是一个狂热的举动。

驶向莱特湾海岸的美军登陆艇

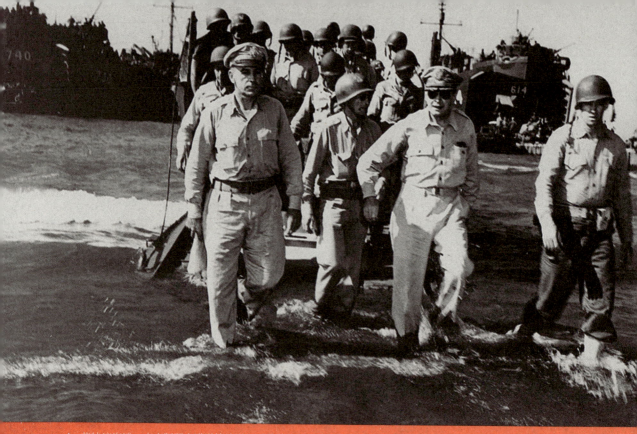

▲ 莱特湾海滩，麦克阿瑟充满激情地说："菲律宾人民，我回来了！"

　　他的部下知道这个决心一定，就是无可挽回的事情了，而麦克阿瑟却毫不在意，对他来说，冥冥之中的神已经助他克服了千难万险，现在还不到召他上天的时候。

　　麦克阿瑟穿着军便服，戴着太阳镜和他独特的帽子，双手叉腰迎风而立，微笑着远眺被烟云笼罩的莱特湾海岸。他拍拍参谋长萨瑟兰中将的肩膀，快乐地哼着《圣经》中的诗篇："正如李普莱所说：不管信还是不信，我们反正在这里了。"

　　他随第三波登陆部队踏上了一艘命名为希金斯的小艇，他对周围的人说："塔克洛班只变了一点儿。我上次来这是在41年前，我从西点军校刚毕业，在我分配到部队之前。啊！对我来讲，今天是一个多么难忘的时刻！"远处，红滩上的炮火正疯狂地叫着，岸上弥漫着呛人的硝烟。

　　登陆艇离岸边越来越近，艇上的人可以听见岸上的喊杀声和步、机枪的射击声。在离岸还有几十米的地方，登陆艇停了下来，放下舷梯。卡洛斯·罗慕洛刚走下了登陆艇的跳板，麦克阿瑟就激动地拥抱了他。罗慕洛发现"将军"脸上全是泪水，像小孩子似的哭着说："卡洛斯，我的孩子，重返家园你作何感想？"奥斯梅里亚总统则受了冷落。他虽然也是菲律宾流亡政府要员，却不是选举总统。奎松总统在美国病死后，他的不屈精神化成了英雄主义，奥斯梅里亚相形黯然。再加上善于表现自己的麦克阿瑟，使他这个内向的菲律宾人常常不知道把自己往何处摆。

麦克阿瑟一行人跳入齐膝深的海水，向岸上走去，时时趔到水里。码头早被炮火打成废墟了，负责海岸勤务的海军军官来扶他，他咆哮着："让我自己走！"摄影记者不失时机地拍下了这一动人的涉水上岸场面。这是第二次世界大战中最著名的情景之一，它向全世界表明麦克阿瑟终于实现了他的诺言。

从登陆艇到岸上只有几十步路，但在麦克阿瑟看来，"这几十步却是我有生以来意义最深长的步伐。当我走完了这几步，站在沙滩上，我知道我又回来了，回来打击巴丹的死敌来了。因为在那里的日军尸体上，闪烁着本间将军的王牌部队第16师的徽章。"

一上岸，在两棵侥幸逃过炮火的椰树上，升起了星条旗和菲律宾国旗。

一架流动广播站建立起来了。

通信兵在滩头架起了一台无线电发射机，并把它与"纳什维尔"号上的大功率主发射机相连。英语、马来语、华语和西班牙语播音员早已向全世界宣布有重要消息广播，同声译员戴上耳机调试了自己和麦克风的距离，远在 16,000 公里之外的美国哥伦比亚广播公司国际新闻部主任已经得到通知，随时准备打断正常的广播节目，直播美军重返菲律宾的爆炸性新闻。

麦克阿瑟打开电台的开关，拿起麦克风。金凯德的舰队正在向莱特岛海岸纵深开炮，洪钟般的炮声和淅淅沥沥的雨声正好当做他"伟大"的历史性讲话的伴奏声。麦克阿瑟清了清喉咙，一字一板地、郑重地、用先知般的、他心目中的神的语气，充满激情而略带颤动地对着麦克风说：

菲律宾人民，我已经回来了。

他抓麦克风的手开始发抖，声音呜咽，几乎无法继续讲下去。

托万能之神的福，我们的军队又站在菲律宾的、洒着我们两国人民鲜血的土地上了。我们为摧毁控制你们日常生活的残余敌人，为恢复不屈不挠的力量的基础、你们民族的自由，回来了。

站在我旁边的是你们的总统，伟大爱国者曼纽尔·奎松的杰出继承人，塞希奥·奥斯梅里亚，以及他的内阁成员。因此，你们的政府现在已经牢固地重建在菲律宾的土地上。

你们光复的时刻就在这时。你们的爱国者的行动证明了你们坚定不移地要争取人类历史记载中的最高的自由原则。现在，我号召你们尽最大的努力，发挥觉醒了的民族的勇气，让敌人知道，和他们作斗争的一支内部力量是异常勇猛的，是和外来的一支兵力一样地难于应付的。

向我靠拢，继续发扬巴丹和科雷吉多尔不屈不挠的精神，随着战线向前推进，把你们带进作战区内，起来，战斗！利用每一个有利的机会，打击敌人！为了你们的故乡和家庭，战斗！为了你们的后代子孙，战斗！为了你们神圣的死者，战斗！不要气馁，让每一只手臂都坚强如钢，神圣的上帝为我们指路，跟着他，去争取正义的胜利！

继麦克阿瑟之后，奥斯梅里亚和罗慕洛也用麦克风做了简短的讲话。这个小型的仪式结束之后，他们周围围了一小圈菲律宾人。他们在美军炮击的时候躲了起来，现在又跑回来了。一位老者一瘸一拐地走近麦克阿瑟，伸出双臂欢迎麦克阿瑟，用米鄢语说："您好，元帅先生，见到您很高兴，我们好久不见了。"

岸上不远处，仍不时传来日军射击的枪声，但麦克阿瑟对此却毫不在意。有人提醒他小心踩上地雷，他满不在乎地回答说："能炸死我的地雷还没造出来呢！"有两个士兵正趴在地上向日军射击，当麦克阿瑟走近他们时，其中一个捅了一下另一个："喂！麦克阿瑟将军。"另一个则继续埋头射击，嘴里唠叨着："啊，是吗，他大概把埃莉诺·罗斯福（总统夫人）也带来了吧？"

当他们一行人要返回滩头指挥所时，麦克阿瑟突然注意到了他的飞行员达斯提·罗兹少校在迫击炮火的啸声中向树后躲去，他走向罗兹问："怎么了，达斯提，你害怕吗？"罗兹坦白地承认在这种情况下如果他能靠在一棵大树上会感觉更舒服些。"是的，"麦克阿瑟说，"上帝交给我一项使命，他将看到我能够完成它。"

罗兹说，毫无疑问，这当然是一件了不起的事，"但是我还是不能确信上帝是否同样关心我，让我活下来。"麦克阿瑟继续向前走，脸上带着迷人的微笑。

素以狡猾著称的"马来之虎"山下奉文大将没算准麦克阿瑟会随波抢滩。战后，他蹲在黎萨尔县门天鲁帕街上的新毕利毕德监狱中，为此事后悔不迭。他说，他要早知道如此，就会印 10,000 张麦克阿瑟的相片发给部下，然后让日本兵对准那位"狂人"开上一枪。记者问山下，他知道不知道"将军"在洛斯内格罗斯岛、荷兰蒂亚和摩罗泰岛都随第一批部队登陆，美国报纸为此广为宣传，山下认为那些照片都是为了宣传事后补拍的。他只相信自己有勇气越过柔佛，不相信麦克阿瑟有勇气踏上莱特，而只把注意力集中在麦克阿瑟的旗舰"纳什维尔"号上。令山下奉文没料到的是，当"纳什维尔"号受到攻击时，麦克阿瑟却上岸了。

在指挥所的一顶破军用帐篷里，麦克阿瑟正在给罗斯福写信：

亲爱的总统先生:

我在塔克洛班的纷飞炮火下给您写这封信。登陆正在进行。这是发自自由的菲律宾的头一封信。我想,对于您爱好的集邮来说,该是件纪念品。作战顺利进行。如果它能成功,我们将把敌人一切为二。我这是指战略上说,即从日本本土到新加坡之间。对于菲律宾也是如此,我们将绕过日军重兵驻守的南方诸岛,这样起码可以节省五万美军的生命。关于让菲律宾独立一事,他劝罗斯福慨然允诺:它将是美国在远东的政治威望的顶峰,也将是您作为总统个人的伟大成就。它将唤起全世界的注目,在一千年间,都将为美国的荣誉和信用增添光彩。

凡是为他增添光彩的事,麦克阿瑟都乐而为之。这是他在回"纳什维尔"号之前必须要办的最后一件事。"

NO.2 日军内讧

莱特岛中部是山地,山谷纵横,山势连绵起伏,其中最大的谷地是莱特谷地。它自南向北延伸,马洛包以西略高,从这个制高点向东西南北分别滑出四个谷地,北面由帕桑杨扼住谷口,南面则直通往索戈德湾,东面则到达海岸城市基基洛,西面翻过谷地对面的大山就到了西部平原。顺着西部海岸平原向北,则到达著名的奥尔莫克盆地。盆地北高南低,像一个几字形向南敞开着。越过奥尔莫克北部的山地则是卡里加拉平原。

1944 年 9 月,东京大本营作战室。

▲ 日本首相东条英机(左)和继任者小矶国昭首相。

▲ 被称作"马来之虎"的山下奉文。

小矶国昭和几位光头将军正在仔细看着地图，突然，他们叫了起来。

"这是最好的山地战地形，连陆军大学的教科书中也描绘不出这样完美的地形。"

"我们要在这里部署一场决定性战役，让美国鬼子死在莱特岛的丛林和山谷中。"

"这是新世纪的天王山之战。"小矶国昭把头挤进来，他的眼镜反光，几乎每个人都看到他有四只眼睛，连他的后脑勺上也不例外。

"对呀！有神明保佑，我们怕什么。"

这群人晃动着，看着，瞅着，慢慢地走动，脑门上油光发亮。

"愿上天保佑天皇。"

"帝国陆军要在这里让敌人止步。"

"大本营关于保卫莱特岛的方案就这么决定了。"

"但是派谁去指挥这场战役呢？这可是流芳百世的美差。"

"派寺内大将如何？"

"最好还是山下奉文。他懂将道。"

"可他是皇道分子。"

"有寺内大将在，就出不了他的风头。到最后还是我们的。"

"就这么定了。"

大本营一拍即合。

那么山下奉文是何许人呢？

山下奉文是日本最典型的军国主义分子，怀有过去封建武士那种根深蒂固的优越感、统治欲望、自负和战争狂特征。山下出生在高知县香美郡晓霞村，其父是一名村医，早年家境相当贫寒。贫困使青年时代的山下奉文没有一天不对自己说："好好干，争取出人头地。"果然，他通过自己的努力考入广岛陆军幼年学校和士官学校，后来又到日本陆大深造。毕业后当过驻瑞士、德国和奥地利武官、陆军省军务助理、军事课课长。但他最终成名是在马来西亚，山下奉文攻下新加坡以后，获"马来之虎"美誉。后来他娶了将门之女久子，得到了陆军皇道派头子荒木贞夫的提携。但不久皇道派发动"二·二六"政变失败，山下也卷了进去，被贬到中国牡丹江去赋闲。只是到了日本帝国危亡之秋，日本大本营才想起这头"马来之虎"，又把他从万里银霜的中国东北调到闷热危险的菲律宾。

1944 年 10 月 6 日，吕宋樱兵营。

这天，新任驻菲律宾第 14 方面军司令山下奉文大将从中国东北转道东京来到菲律宾，负责日本菲律宾群岛的防务，他一到菲律宾就把司令部迁到马尼拉以北 20 公里的水源地怡保，他要在水库看守的简陋木板屋中指挥整个菲律宾的防务。他讨厌樱兵营的生活。虽然那里有清新的空气，林鸟的叫声和蟋蟀的嘶鸣，还有一流的菜肴。他过惯了简单的生活。

在这里，山下奉文遇到了令他十分苦恼的事情。

山下奉文在来之前，被告知将负责整个菲律宾战役的指挥。但是到任以后，他发现他隶属于日本的南方军司令部，顶头上司是寺内寿一元帅。他十分清楚寺内的为人，这个人是铁杆的统制分子。想当年，"二·二六"事件时，毁了自己的美好前程，现在，当自己要建立帝国功勋的时候，这个人又来了。

对山下奉文来说，他恨透了统制派。他要振作，他要出人头地，他要建立光宗耀祖的辉煌。只有这样，他才能吐出心中的这口恶气。然而，命运偏偏多舛，统制派到处在挡他的出路。

而寺内寿一也是个心胸狭窄的人。在事隔九年之后，他还记得当年"二·二六"的前怨。寺内表面上让山下指挥 9 个师团和 3 个旅团，但其中一半归铃木宗作中将的第 35 军所属。莱特岛激战中，寺内强令山下把自己的部队运往莱特支援铃木毫无希望的防御战，使山下的部队消耗很大。这时，山下虽然是一个方面军的司令官，手头却只有四个不满员的师团可供调遣。他这样做就是为了压制山下，使他在吕宋创造不了什么奇迹。

而山下奉文恰恰要把这次任命作为自己事业的最关键一步，他要突破这个隘口。然而，却扭不过大本营。他要在吕宋岛决战，而大本营却欣赏莱特。他要独支危局，但是寺内却要从他这里分杯羹，甚至坏他的好事。

然而，在外人眼里，他还是"马来之虎"，被称作"帝国最优秀的军人"。他依然狂傲不止，向全世界吹嘘："在新加坡投降的谈判会上，我对英国指挥官说：'我只要你说是与否'；现在，我也想对麦克阿瑟提出同样的问题。"

此时的美军，也面临着相当严重的内讧。

　　麦克阿瑟同海军的隔隙已是众所周知的事实，这个自不待言。令人震惊的是，麦克阿瑟同他的手下也发生了尖锐的矛盾。

　　第一个破坏了麦克阿瑟规矩的是萨瑟兰。

　　1944 年，萨瑟兰把一位澳大利亚的女军官克拉克带到了莱特岛。萨瑟兰命令手下把用船从千里之外运过来的用于建造飞机场的材料为她建一幢房屋。工兵军官非常吃惊，但是又不敢告发，只能按参谋长的要求办。这样，萨瑟兰在离塔克洛班几公里之外的民宅里拥有了另一个世界。

　　麦克阿瑟从他的助手埃格伯格嘴里探到了这一消息，不禁勃然大怒。

　　很明显，萨瑟兰破坏了自己发布的命令。麦克阿瑟曾说过，"澳大利亚妇女永远不能越过新几内亚线"，而萨瑟兰竟然在 5 公里之外寻欢作乐。

　　麦克阿瑟冲进了萨瑟兰的办公室，气得浑身发抖。

　　"迪克·萨瑟兰，我给你下了命令，你却没有服从，你要被监禁！"

　　麦克阿瑟对萨瑟兰发了足足有 15 分钟的脾气，骂出了他在整个军旅生涯中学到的所有脏话。在大楼门口值班的哨兵都用手捂住了耳朵。

▼麦克阿瑟和美第六集团军司令克鲁格登陆莱特岛后交谈。

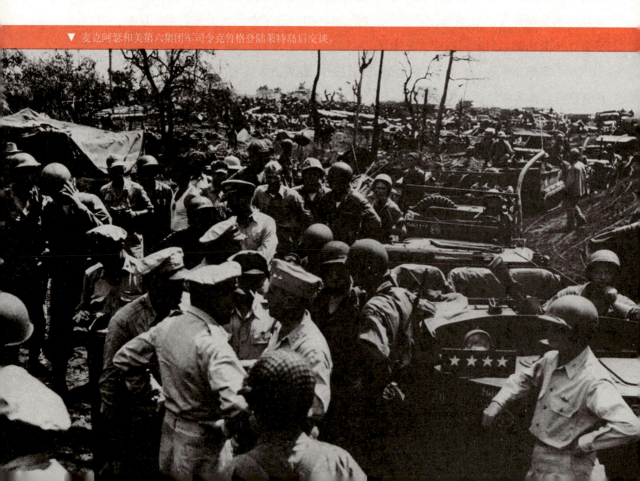

萨瑟兰非常难堪，他试图辩解，但不明白为什么麦克阿瑟对他发这么大的火。

"让那个女人立刻离开塔克洛班！"麦克阿瑟吼道，"如果她在 24 小时之内不从这里滚开，我将向军事法庭起诉你违抗直接命令！"

这对老搭档终于闹崩了。

麦克阿瑟对克鲁格也感到失望。

在麦克阿瑟的眼里，克鲁格以"行动缓慢"著称。

麦克阿瑟希望迅速占领莱特岛，然后快速向吕宋岛推进。

而克鲁格以没有空中掩护为由，迟迟完成不了进攻计划，这令麦克阿瑟非常恼火。尤其是，当肯尼借用克鲁格的指挥部所在地塔努安时，克鲁格竟不肯让出地方，因为这里是莱特湾附近唯一排水系统良好的地方。而空军也看好了这个地方，偏偏要在这里建造机场。

麦克阿瑟花了一个月时间劝说克鲁格撤出塔努安并把它交给肯尼，还专门发了一封致谢信："我知道这会给你和你的司令部带来不便，我特此命名你为'塔罗萨英雄'，也是非凡的湿漉漉的英雄。随着你的进攻，你肯定能在前方找到一块更好的地方。"

显然，麦克阿瑟在信中埋怨克鲁格不图进攻。

但是克鲁格却认为麦克阿瑟"不懂专业，不懂得在没有空中掩护的情况下发动进攻的危险"，照样按部就班地行动。

麦克阿瑟不得不打出另一张牌。

"如果你的第 6 集团军不能按时完成任务，我就把它交给艾克尔伯格的第 8 集团军。"

克鲁格深感羞辱，因为第 8 集团军以澳大利亚兵为主力。麦克阿瑟果真这样做，实际上是否定了他的战果。

"这个老家伙太可恨了，他总想让我出丑。"

后来，麦克阿瑟为了急于攻下马尼拉，同样地发现金凯德"缩手缩脚"，更令他气愤的是金凯德称要向尼米兹报告麦克阿瑟将军拒绝他的专业建议，由此触动了麦克阿瑟那根恼怒的神经。

"你好大胆，竟敢在我面前抖威风了。你什么时候当的兵，我在法兰西战壕里抽烟时你在哪里？你现在感觉到力量大得很，可你不要忘记，你的哪一艘军舰不是我苦口婆心要来的。没有军舰时你怎么不向尼米兹开口。现在好了，军舰有了，战功也有了，你已是名正言顺的海军了，那你跟尼米兹去好了。我这里没有你，照样可以攻下马尼拉。没有你，我的第 7 舰队更加有力量。你说什么忠诚，你配这两个字吗？口口声声要向尼米兹那儿去告状，忠诚在哪里？"

金凯德像孩子一样哭了起来。

麦克阿瑟同寺内寿一一样，都面临着自己的部下不情愿按照长官意志进行战争的问题，都同自己的部下发生了矛盾，但是前者却把公平和成功的机遇留给了手下，而后者则把偏见和胜利果实留给自己。

NO.3 狭路相逢

1944 年 10 月 25 日，莱特岛北部山区。

在美军的沉重打击下，铃木宗作率领的第 16 师团节节败退，从海岸到沼泽，从平原到山地。在山脚下有两座小城，北面是达加米，南面是哈罗市。这两座小城分别是美军第 7 师和第 24 师当前进攻任务的目标。

美军的企图已十分明显，两路大军将越过这两个目标对西海岸的奥尔莫克形成合围，切断日军的供应线，瓦解日军的抵抗。铃木命令部队要守在这里，利用有利地形进行反击。山下奉文已把这里作为"山下防线"的中心，他要在山地战中使美军受到消耗。

10 月 26 日，铃木司令部收到了联合舰队在菲律宾海战中"大获全胜"的电报，铃木高兴得手舞足蹈起来。"友近君，"他对自己的参谋长说，"我们快要走上舞台中心了。这是莫大的荣誉或特权。我们甚至不需要他们正派给我们的援军。"

此时，日本陆军第 1 师团和第 26 师团正坐在大型运输舰上，耀武扬威地向莱特岛驶来。

片冈中将站在甲板上，第 57 连队（团）队长宫内大佐站在他的身边，宫内问："将军，还是到里面吧，要提防敌人空袭。"

"怎么可能，美国没有几艘军舰了！"

宫内大佐满脸通红，退到了一旁。

11 月 2 日黄昏，奥尔莫克港。

太阳刚下山，引擎的颤动声就停止了。挤在一层层卧铺上的士兵们听见铁链的铿锵声，锚放下去了。他们已到达目的地。军官们吆喝着，穿着肮脏军装的士兵们，带着满身虱子，跳下卧铺，沿着陡峭的铁梯爬上甲板，离开闷热和充满汗臭的船舱，呼吸着外面的新鲜空气。天空，星斗已经挂起来了，大海也很宁静。一些士兵是在珍珠港事件后不久应征入伍的，在满洲屯驻了几年，都期待着参战，能为日本和天皇效劳。

这时候，海面上传来了可怕而又令人兴奋的炮声。运输舰两侧已经放下了绳梯，身上背负着 45 公斤重装备的士兵们一个个笨拙地跨过栏杆，由于没有心理准备，许多人不是仰面朝天，就是迎面扑地，一个个重重地摔在了左右摇晃的小船上。

上岸的日军开始在椰林里歇息，等待其余人上岸。为了防止美军袭击，日军开始挖防弹坑，这些坑形状像"章鱼穴"，深60厘米，底部侧面呈勺子状，遇到炮击时可供一个人蜷缩在里面。从剖面看，"章鱼穴"好像圣诞节装礼物的袜子。这时，西方天际已经挂起了粉红色的晚霞，宛如美妙绝伦的水彩画，美

▲ 美军飞机在吕宋岛南面海域击沉2艘日本补给船。

丽的莱特岛似乎把战争一时忘记了，士兵们开始怀念日本家乡的傍晚，因为日本同样是美妙的地方。这时，远处突然传来了嗡嗡声。有人高声喊："隐蔽！"大家立即跃入洞内。嗡嗡声变成了怒吼声，轰炸机排成队形冷酷无情地飞来，日军的高射炮开始迷茫地射击，但是美军飞机似乎根本不介意，尽管团团黑烟把它们包围，但它们还是冲下来，把炸弹投进了遍布"章鱼穴"的树林内。

运输舰还在卸下部队和物资，飞机开始向它们投弹。这时，美机上方出现了许多"零"式战斗机，但轰炸机仍镇静自若地向前飞行。只一会儿，三架"零"式战斗机同时冒出了烈火，像彗星一样向地面坠去。不久美军第二批轰炸机跟着又来轰炸，银色机翼在阳光中闪闪发光。它们直扑"能登丸"而来。一连串炸弹形成一条条巨大的完美的抛物线，准确地在"能登丸"运输舰上落下。有一颗炸弹则掉进烟囱，产生了一声闷响。跟着又是一连串沉闷的爆炸声。舰上的汽笛开始不停地哀鸣。幸运的是，日军士兵刚刚登岸，没有造成太大伤亡，但是卡车、马匹和大部分武器弹药却扔在了船上。

"我们的飞机呢？"

"我们自己的飞机呢？"

整个港口一片喊声和埋怨声。

几个冷静的日本军官集合起来，命令部队立即向前进发，离开海岸。号令一下，日军立即冲上了狭窄的公路。

11月3日，利蒙以北高地。

片冈的先遣队正向卡里加拉接近，意外地与反方向来的美军第24师遭遇。短暂交火后，日军撤进了2号公路以南的山里。这时片冈的中路部队到达。

利蒙是个有几十幢茅屋的村子，2号公路就在那里沿着陡峭的山坡向上，然后向右绕过巍峨的山岭，再逐渐向下伸到海岸和卡里加拉。片冈命令日军发动进攻，并许诺有大炮支援。

然而，整个部队现在只剩下一门小炮，连队长宫内命令把炮装上卡车，亲自跳上车去督战。第57连队沿着狭窄的公路向北面的利蒙走了一整天，不时遭到美机的轰炸和扫射，二百多人被炸死，几十个人中暑。到了黑夜也不轻松。9时许，士兵们精疲力竭地在公路两旁躺下。等他们醒来时，那些没有盖住脸的人，眼睛已经肿得几乎睁不开。但是他们继续行军，此时天色已浓云密布。野战炮炮位已经准备好了。

在山脉的另一侧，美军第6军军长沃尔特·克鲁格认为，他的前卫师第24师正面临被包围和消灭的危险。空中观察也表明大批日军正向利蒙进发；他担心日军可能在第24师后面的卡里加拉实施大规模两栖登陆。于是，他慎重地作出反应，命令第24师停止前进，不要去攻占山岭，而是停下来同尾随其后的第一骑兵师配合，挫败敌人可能从海上发起的进攻。

黄昏，宫内的连队开始沿盘旋公路冲上山岭。一个凄惨可怕的白色人影走过来。这白影原来是第16师团的一个幸存者。16师团已经全军覆没了。这个日本兵全身裹着白色的绷带，从莱特湾一路被赶过来。他默默地走过，后面还跟了不少步行的伤员，有的相互搀扶，有的拄着棍子，一瘸一拐地走。原来牧野师团已被全歼了。

前方是2号公路的最高点，公路到了那里以后便向东急转直下。右边锯齿状的山上到处长着齐肩高的茅草，是个天然堡垒。无数悬崖凸出在东北的大海和西南的莱特河谷之上。两处悬崖之间长着茂密的丛林。

行军到此为止。士兵们小声地转告着上级的指示：丢弃一切不必要的物品。他们把压缩饼干塞进小小的干粮袋里，每个粮袋还装着五枚手榴弹，把背包堆放在路旁。这时，天空豁然开朗。太阳灼烤得令人难以忍受。空气中，硝烟弥漫，辛辣刺鼻。战场必然就在附近，但山岭上鸦雀无声。

片冈命令第57连队必须占领沿公路的这座山岭。另一边，美军也正在向山顶接近。克鲁格已命令第24师去侦察。南面的总攻将于两天后开始。

几十名日军拨开树丛，朝山顶攀登。突然，有人在后边喊："错了！方向错了！"随着声音响处，跟着飞来一枚手雷。在爆炸声中，日军血肉横飞，几名日军抱着大腿，捂着头，有几个日军在呻吟，有几名则逐渐镇静下来，并渐渐恢复了视力。但是，美军扔出的手雷还在飞越山顶，像一筐筐打翻的苹果，沿山坡滚下来，泥土从四面八方爆炸开来，到处是粘糊糊的血和痛苦的叫声。

正当日军茫然不知所措的时候，迫击炮发出了沉重的捶击声，机枪也哒哒哒地叫了起来。子弹嘶叫着钻进了树丛，打进了人体。山坡上传出了阵阵惊惶的叫声和痛苦的喊声。冲在前面的日军一枪没打就被消灭了！剩下的日军躲在石头下和岩坎里，有的钻进了丛林，在树叶下悚悚发抖。只有一个胆大的日军，由于动作麻利，最靠近山顶，他把枪举过头顶，头埋在石头下，一咬牙，扣动了扳机。

傍晚时分，双方进入了胶着状态。

浓烟中，美军第24师21步兵团一部冲过了山岭，向残余日军围了上来。日军只有拼死顽抗。只听见卡嗒卡嗒几声，日军推上了刺刀，准备好了手榴弹。几个不怕死的日军从掩体里跳了出来。美军被这种阵势吓住了。他们从来没见过没有预先火力准备的冲锋。很快美军明白过来，机枪声，手榴弹声交织在一起。一支反扑的日军瞬间被消灭了。跟着，另一支日军小队开了火，把已经靠近的美军打了个人仰马翻。

就在这时，天空中闪过一道火光，美军阵地上响起了巨大的爆炸声。这一突然的攻击使山两边的步兵们都愣住了，停止了射击。又一颗大炮弹在日军前面挺进的美军中炸开。跟着第3颗炮弹呼啸而来，美军的重机枪成了哑巴。原来，日军唯一的一尊大炮已经进入阵地了。

"我们的大炮！"日本兵呼叫起来。接着，又一颗炮弹从他们头顶呼啸而过，在山坡上方炸开。

"杀死美国佬！狠狠打！"有人大声嚷着："来它几千发！"

不一会儿，美军开始后退，日本援军到达。几个日本兵英雄般地呼叫了起来。他们从地上跳起来，拉开了手榴弹，使劲向山那边扔了过去。美军扔下很多尸体，撤下山去。日军占领了山头。

山上，到处是美军抛下的尸体，有的已经烧焦了，有的则肿得鼓鼓的，样子看上去令人十分恶心。在美军的机枪阵地上，机枪手已被炸开了身子，皮带上的子弹像鞭炮一样响起来。子弹的爆炸又不时引起手榴弹的爆炸。日军一边进入阵地，一边仔细地看着脚下，稍不留神，就会飞上天。

当日军踏上山顶的时候，眼前一片黑暗。幸好，当晚美军没有奇袭。天亮时，几乎所有的日本兵都被眼前的景色迷住了。在灰色的远方，明亮的卡里加拉湾像是拉开了一张巨大的蓝色的纱屏。他们成功了。

日军发动的这次进攻，主要以营为单位，兵分四路，向美军扑去。由于其他部队进入

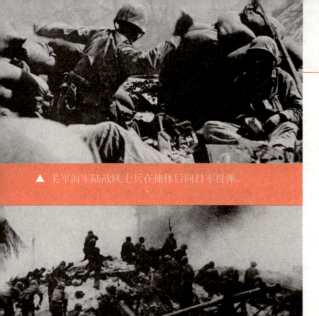

▲ 美军海军陆战队士兵在掩体后向日军投弹。

▲ 美军海军陆战队士兵向"断颈岭"发起进攻。

▲ 两名美军陆战队士兵向日军射击。

▼ 美军士兵在坦克的掩护下向日军进攻。

了24师的埋伏圈，死伤残重。只有"断颈岭"由于地形突出，无法实施包围，美军也没料到日军会沿着这样的突出高地发起进攻，因此让日军拣了个便宜。

在山坡下的指挥所里，几个最先冲上"断颈岭"的日本兵正在接受嘉奖。由于这是日军的唯一一次胜利，师团长通令给前线士兵颁发奖励。几名日本兵手里拿着奖章，兴奋之情难以言表。对步兵来说，能够获得此项殊荣，太了不起了。另外几个日本兵则把美国兵的钢盔抛来抛去，然后狠狠地摔在地上像皮球一样踢了起来。

日本兵的欢呼引来了美军的一顿炮击，一场争夺"断颈岭"的战斗打响了。美军把主攻方向放在1号高地。由于有了第1骑兵师的援助，美军信心大增。他们展开散兵队形，慢慢地向高地上摸来。这时的炮击已经停止。山地上一片寂静，士兵们的心跳彼此可闻。只见一个个美军士兵睁着大眼睛，死死盯着1号高地，等待命运对自己的宣判。他们小心翼翼地翻过每一块岩石，每走几步都要寻找一个蔽藏所。而在一棵已经被炸断的棕榈树枝下面，几个战战兢兢的士兵正挤作一团，一挺机枪从树叶中露出了抖动的枪口。

美军在一步步靠近，100米……80米……已进入打击范围，但是整个高地仍死一般寂静，60米，几名士兵突然加快了速度，一边跃进，一边向山头甩手雷，眼看胜利已经在望，突然，日军的机枪响了，美军像被切断的木桩一样成排成排地倒了下去，死尸滚下山坡，压倒了正在逃跑的士兵。接着，手榴弹像雨点般飞下来，沿着山坡下滑，爆炸。断臂残肢在爆炸声中四处乱飞。在日军的凶猛打击下，美军丢下了100多具尸体狼狈而还。

1号高地的失败引起了高层的震动。第10军团司令赛伯特亲自飞临前线，在视察战场后下令解除负责此次战斗指挥的团长的职务，任命情报官维尔贝克上校指挥，并派直升机运来了10门重炮。

11月8日拂晓，1号高地仍然深不可测。

天快黑下来了，台风带着雨点席卷了整个山岭。棕榈树被吹得像弯弓，有些被拦腰折断，有些被连根拔起。茅草被吹得像怒涛汹涌的大海。即使这样，维尔贝克团长还是发动了他上任以来的首次进攻。首先是重炮齐轰，大炮和风雨竞相怒吼。步兵在暴雨中出动，在泥泞的山坡上连跌带爬。两辆坦克也来助战，从中间绕过去，准备从背面包抄敌人。

维尔贝克吸取前任团长的教训，以小群多路向"断颈岭"摸去。进攻的士兵又一次睁大了惊恐的眼睛，在离山顶100米远的地方停了下来，躲在了石头后面。两个黑人士兵向山顶爬去。暴风雨差一点把他们吹翻在地，残存的棕榈树根救了他们的命。两个士兵每人一枚手雷，一只手抱着枪，一下子爬上了山顶。这时，两辆美军坦克已绕过山坡，巨大的轰鸣从对面传来。而山顶上却不见日军的踪影。突然，背面山坡上扫来成排的子弹，几个站着的美国兵被一下子撂倒了。原来，日军早已料到美军会发动炮袭，故而主动撤离了阵地，在离山顶50米远的掩体内躲藏起来。当美军到达山顶时，日军出其不意地发动了攻击，使美军猝不及防。其余士兵一看不好，立即藏了起来。

这时，坦克正从日军背面向前开。一边行进，一边溅起阵阵泥浆。日军利用雾气掩护，派出了两名士兵，每人怀抱一个炸药包，朝坦克方向运动。山腰下有一条小沟，坦克要冲上山坡，必须跨越它。两个日本兵，从不同方向躲了进去，山洞里的其余日本兵则趴在洞口看着，像小孩子看戏一样着迷。这时，日本兵突然听到了洞顶有讲英语的声音。原来，山顶的美军已经摸下来了。日军向洞顶抛出了几颗手榴弹，其中一颗又滚了回来，在洞口滋滋地响，几名日军慌作一团。过了一会儿，没有任何动静，回头一看，原来是一颗哑弹。这时，美军的手雷像雨点般落了下来，但大都跳过了洞口，在山坡下方爆炸。一个美国兵站在山顶，大声喊："缴枪不杀！"一个日军先是缩进了洞里，跟着伸出枪向山顶一扫，一顶头盔接着滚了下来。另一名美国兵想去救助战友，但是日军又打出了一梭子弹，使山顶上留下了两滩鲜血。

此时，山下的坦克刚好通过小沟，躲在下面的日军士兵把炸药包放在履带上并迅速离开。"轰"的一声，一阵浓烟过后，坦克的声音变了，它先是前后晃动了两下，然后抖着身子，怪叫着，掉转头，一步三摇地退了回去。

维尔贝克没能挽回美军失败的命运，他又把部队撤回了原地，日军又占领了山头。

1 个小时以后，1 号高地上空突然响起了猛烈的迫击炮声。十几名在阵地上歇息的日本兵还没弄懂怎么回事就被送上了西天。其余日军纷纷滚下山坡，有的就地挖掘简易掩体，有的钻进了灌木丛。而美军炮火却越打越凶，没有丝毫停止的迹象，炮弹在雨中开花，整个 1 号高地成了泥浆飞溅的世界。而炸弹的威力和雨水的浸泡又使日军的掩体坍塌，几十名日军全部浸透在水里。

炮火一停，日军又呐喊着冲上了山顶。原来的山顶不复存在，已被弹坑替代。而另一边，美军骑兵师的两个营正向山顶进发，日军一看阵势不妙，立即躲进了弹坑中，几乎同时，美军的枪响了。子弹沿着山坡倾泻过来，手雷像冰雹一样滚进了日军阵地。几名日军突然咆哮着跳了起来，扔出了几颗手榴弹，但是已经晚了，美军冲上了山顶，全歼了守敌，占领了 1 号高地。

在"断颈岭"的 2 号高地上，日军同样依托坚固工事死守。

几十名日军聚集在掩体里，几箱手榴弹摆在洞口。他们已经几天没进一粒米了。幸好这两天下雨，他们才能够用雨水滋润一下干燥的喉咙。傍晚，在美军的阵地里，就餐时间到了。炊事员把锅盖掀开后，空气中立即弥漫了米饭的飘香。几十名日军趴在洞口附近的岩石后边，眼睛一动不动地看着这一幕，随着美军士兵饭勺的每一次运动，嘴巴跟着机械地抖动一下。一个大胆的军曹实在憋不住了，大声喊："我们下去弄一点回来！"其余人没有异议，一个尖嘴的士兵附和道："我跟你去！"于是他们消失在了夜幕中。

天亮时，两个日本兵抱着两包东西闪进了掩体，大伙凑过来一看，原来是几包香烟和他们的武器用不上的弹药。这次行动虽然没有找到食物，但是却带来了精神食粮。为此，日本兵也感到满足。掩体里立即充满了呛人的尼古丁气味。这时，他们才发现掩体原来很小。于是开始扩大空间，准备从里面多挖几个耳洞。当一个日本兵把土块搬运出去时，突然发现了一条蜥蜴。他像发现了金子一样扑了上去，但是那条蜥蜴爬得很快，一下子钻进石头缝里不见了。几个闻声赶来的日本兵听后也倍感兴奋，经过一番围追堵截，终于从石头缝里抠出了这件"胜利品"。蜥蜴虽然不大，但对这些几天未进食的士兵们来说，已是难得的佳肴了。他们把蜥蜴剥了皮，露出了粉红色的肉，饥饿已经使他们顾不上烧烤，几十个人每人一口，把蜥蜴吞到了肚里。那滋味，仿佛被注射了激素一样。

正午，太阳直射下来，整个阵地上回荡着死尸的臭气，在水坑里浸泡的尸体已经发胀，味道令人作呕。就在这时，美军又发起了进攻。当推进到距掩体 60 米远的时候，美军停了下来。维尔贝克命令组织火攻。三个士兵低姿前进，等到达有利位置时，操作手配好装置，按下阀门，火焰喷射器哧哧地响了起来，一道火柱打中了掩体的墙体，就在转向洞口的时候，里面飞出了三颗手榴弹，3名射手和器具一下子飞上了天。维尔贝克勃然大怒，他派人调来7门重炮，实施集中发射。只见2号高地上空炮声隆隆，成吨的泥土被抛了起来，掩体覆盖一层层减少、剥落，最后炮弹竟穿透了掩体厚厚的墙体，在洞内开花。这里所有的日军全部成了炮灰。

"断颈岭"之役，美军写下了惨烈的一页。

No.4 日军的最后疯狂

从塔克洛班到杜拉格，乔治·肯尼在不住地骂娘。

肯尼知道，在莱特，一切的关键在于控制天空。然而，这是无法由他的意志来决定的。

每天晚上，肯尼望着莱特岛上阴沉的饱含雨水的云天，祈求第二天能出太阳。然而天还没亮就淅淅沥沥地下起雨来，等亮得能看清东西的时候，就转成滂沱大雨了。陆军工程队动用了所有的抽水机来排干机场的积水，但毫无用处。大雨使所有的人心情变坏，美军工兵部队和空军部队全成了咒骂队，粗鲁的声音飘荡在每一个临时机场的上空。

第二天，肯尼因为要调度战斗机，早早就起来了，他毕竟比道格晚一辈。当走到"将军"门外的走廊上时，他对执勤军官说："很抱歉，请转告'将军'，我无法等着对他说声'再

▼ 美军士兵被日军火力压制在小土丘上。

见'。我要去空5军司令部去了。"

谁知那军官眉毛一扬："啊，麦克阿瑟将军已经上前线两小时了。"

因为无法在危急时刻配合陆军作战，肯尼深感羞愧。所以他天天往道格的司令部跑，希望麦克阿瑟能批评他。但麦克阿瑟却对这位年轻的空军司令官说：

"我注意到历史上曾经有过许多惊人的相似之处。当'石墙'杰克逊垂死的时候，他的最后一句话是：告诉Ａ·Ｐ·希尔，更好地训练你的步兵吧。真凑巧，一年后，当罗伯特·李将军死的时候，他的遗言也是：希尔，训练更好的步兵。拿破仑临死的时候则只是说：'军队向前进'。"

将军停顿了一下，温和地看着肯尼，仿佛在看自己的儿子。他点燃玉米芯烟斗，往空中喷吐出几个烟圈，动情地对肯尼说：

"无论我今天、明天，或者任何时候死去，如果你能听到我的话，你一定会听到我说：'乔治，更好地造就第5航空军吧！'"

第5航空军果然不负麦克阿瑟厚望，在莱特岛泥泞的土地上，肯尼建立起了空中保障网，援助源源不断地从海上运往山区。

美军在莱特岛上修建了5个简易机场：位于中央山脉脚下的布劳恩机场，在它周围有3个机场，圣巴勃罗是最重要的一个机场；巴尤哥机场，位于布劳恩以东，在通往杜拉格的公路上，是用来进行补给的；布里机场位于布劳恩东北3公里处，是陆军航空队用的简易机场。此外，在莱特岛首府塔克洛班及杜拉格也各有1个机场。美军登陆后，空降兵第11师师长乔·斯温将军在找不到运输机的情况下，使用炮兵部队的11架"幼狐"观测机给进入山区的空降部队空投补给品，建立了一条"饼干供应线"。从布劳恩周围简易机场

美军士兵在坦克的掩护下向莱特岛上的日军阵地慢慢挺近。

起飞的这些飞机平均每天往山区空投 21 吨物资，这些空投物资能保障该师的两个团进行 6 周的作战，基本上解决了丛林山地运输不便的困难，对日军造成了很大威胁。而且"幼狐"飞机还经常把包括师长和参谋长在内的重要人员伞降到山区中的部队阵地上。

山下奉文很快发现了这一罪魁祸首。他咬牙切齿，决心拔掉这些钉子。

11 月 26 日，山下发出"WA"行动计划命令：拟对停在塔克洛班、杜拉格和布劳恩地区的飞机场和飞机实施破坏袭击，第 16 师、26 师从地面展开进攻，利帕伞兵第 3 团和第 4 团主要夺取从布劳恩、圣巴勃罗到布里一带的简易机场，铃木中将负责协调动作。

11 月 29 日夜，奥尔莫克飞机场。

从利帕到达的伞兵正在忙碌地准备着。整个机场灯光通明。指挥官很快把全部人员招集起来，总计 60 人，分成 5 个爆破组，每组 12 人。11 时，三菱 100 式双引擎运输机开始笨拙地嚎叫起来，仿佛一头要进刑场的猪。借着夜色掩护，日机向布劳恩方向驶来。飞行途中，有几架飞机因天气不好而下落不明。有一架飞机企图在布里降落，当进机场着陆时被高射机枪击毁，乘员全部死亡。低空进入比托的另一架飞机迫降在海滩上，幸存日军隐蔽起来，放弃了进攻的念头。菲扎尔附近的美军第 20 装甲群，向一架在该地降落的日军飞机进行射击，机上人员除两名机组人员被击毙外，其余都逃散了。

第一次进攻失败了。

山下奉文大怒，命令铃木继续发动进攻。

铃木决定于 12 月 5 日黄昏发起进攻。由于准备不够充分，他请求推迟两天。但是山下奉文只答应推迟一天。

12 月 6 日黄昏，布劳恩机场。

美国伞兵着陆莱特岛，迅速构筑阵地与日军作战。

5 日晚，铃木刚把新计划部署完毕，牧野师团的一个缺额营就向布劳恩附近的布里发起了进攻，完全暴露了日军的企图。原来，第 16 师师长牧野与第 26 师师长铃木失去了联络，因此牧野不知道空降突击发起时间已推迟，他仍按原来计划行动，结果提前 12 小时发起了争夺战，并攻占了部分机场。

6 日傍晚，日军伞兵按推迟计划准时乘 20 架运输机奔往布里，9 架飞向圣巴勃罗，6 架飞向巴尤哥，2 架飞向塔克洛班，2 架飞向杜拉格。有 12 架战斗机和轰炸机护航。日军投入了在莱特作战的全部飞机。飞向塔克洛班和杜拉格的飞机失败，而进入布劳恩方向的飞机都到达了目标。

但铃木宗作在制订计划时，过高地估计了第 16 师团和 26 师团的力量。这两个师团都曾在中国作过战，第 16 师师团由于战斗减员，此时兵力仅为 1,500 人，其中只有 500 人还可以打仗，师团长牧野把他们单独编成一个营，由他亲自指挥；第 26 师团在从吕宋岛乘船到莱特岛增援的途中遭到美军飞机的袭击，受到重大伤亡，但它仍算是一个建制师。12 月 1 日，铃木带着他的参谋人员进入山地，第 26 师团也沿着阿尔布埃拉至布劳恩的公路向东开进，在途中与向西开进的美军第 11 空降师部队遭遇。在混乱的战斗中，日军 1 个配有工兵的团隐蔽地撤出战斗，继续缓慢地向布劳恩推进。

美军发现日军企图后，便加强了对机场的警戒，并派出多个步兵营分别在机场附近组织防御。

黄昏时候，日军飞机在布劳恩上空出现。中型轰炸机由高空首先进入，将炸弹投向跑道和补给所。布里和圣巴勃罗两个简易机场上的美军高射火力开始射击。但日军战斗机仍在低空扫射。接着，双引擎运输机以 210 米的高度进入。在夜空里，只看见这些飞机的黑色轮廓，看上去很像大批美国 C - 47 飞机。

由于没有足够的飞机一次输送全部人员，因此对布劳恩机场的空降突击，是分三批完成的。第一批输送的是白井的司令部、两个步兵连和一个工兵连；第二批是一个步兵连和一个重兵器连；第三批是 80 名勤杂人员。由于天黑、下雨，伞兵在看不见地面目标的情况下跳伞，因此，大都没有降到预定地区。

黑暗中，他们向布劳恩的机场摸去，一场机场拉锯战展开了。

在圣巴勃罗，机场上到处布满了伞兵，美军穿着衬衣，用步枪和手枪射击在黑暗中沿机场跑道运动的人影。枪炮声、喊叫声、爆炸声连成一起。日军伞兵营长白井少佐在这里第 1 个着陆，他在很短时间内便把部队集合起来，对机场设施及停放的美军飞机进行破坏，飞机一架接一架的起火爆炸，火光把跑道照得通明。1 辆汽车和几座帐篷也燃烧起来。由于汽油燃烧引起弹药爆炸，形成一片火海，越烧越烈的火焰映红了夜空。在一片混乱中，美军机场勤务人员撤到机场南侧，临时构筑了防御工事，继续抵抗日军的攻击。

为支援守卫机场美军的战斗，斯温将军连夜从比托海滩调来 1 个野战炮营，由卢卡斯·霍斯中校率领，会同部分工兵于 7 日晨投入战斗，企图把日军伞兵从机场上赶走。战至中午，美军夺回了圣巴勃罗机场。日军伞兵转移到布里机场，与从地面进攻到那里的第 16 步兵师团残部会合在一起。

虽然日军伞兵撤出了圣巴勃罗机场，但巴尤哥和布里机场仍在日军手中。尤其是布里的日军在夜里伞降夺取该机场时，缴获了大量的自动武器，其中包括几门 50 毫米机关炮，为控制机场进行了充分的战斗准备。

12 月 8 日，美伞兵第 187 团和第 38 师 149 团向布里机场的日军发起攻击。下午，这两个团在向布里机场开进途中与 20 多名日军伞兵遭遇，延误了一些时间，黄昏后才赶到布里。由于机场上有近 200 多名日军拼命抵抗，美军没能夺回布里机场。9 日午夜，150 多名日军向美军发起反冲击，被美军击退。10 日，美军的两个团在炮兵支援下，经过激战，将日军包围。正当日军第 16 师团步兵和白井的伞兵已经精疲力竭时，日军第 26 师团的 1

▼ 麦克阿瑟亲临前线视察。

个减员团从中部山区突破美军阵地赶到布里，企图增援伞兵。晚 7 时 30 分，日军对美军发起了攻击。日军这次进攻，夺取了部分阵地，但 26 师团遭到了重大挫折，被迫通过山地向西退却。

12 月 11 日，被围在布里机场的日军全部被歼，伞兵营长白井少佐于 1945 年 1 月底独自逃回山区日军指挥部。

这是日军在第二次世界大战中最后一次空降突击。

12 月 7 日，奥尔莫克。

正当白井拂晓袭击圣巴勃罗机场时，一支由驱逐运输舰组成的载运美军第 77 师的舰队突如其来地在奥尔莫克湾出现。"WA"行动不但失败了，而且还把铃木的精锐部队第 26 师团从这个至关重要的目标转移开去。

麦克阿瑟抓住时机进行了反击。他后来评述:

▲ 日本驻菲律宾最高长官山下奉文。

整个前线的压力在持续不断地增强着。日本人继续顽强地防守着奥尔莫克走廊所有的入口，加强了"山下防线"。他认识到，只有通过切断敌人在奥尔莫克的补给线才能得到决定性的有利条件。他认为关闭敌人进入莱特"后门"的时机已到，只要在西海岸猛击一下就行了。

背后的袭击使莱特岛日军陷入了空前的恐慌之中。

12 月 10 日，第 77 师师长布鲁斯把胜利的消息电告军团司令约翰·霍奇，提醒他第 5 航空队司令曾许过的愿:

怀特·赫德将军曾答应过的攻下奥尔莫克后请客的那箱威士忌酒在什么地方。我本人不喝酒，但我的副师长和各团团长要……

这时，两支日本舰队，一支载有第 8 师团的 3,000 人以及 900 吨弹药和物资，一支载有伊藤少佐指挥的 400 人的海军守备队以及 9 辆两栖坦克和 20 门迫击炮。第 1 支舰队遭到美军空袭损失惨重，狼狈逃窜。第 2 支舰队被美驱逐舰"科格兰伦"号发现，立即开火。而这支舰队发疯般地逃往奥尔莫克，当到达奥尔莫克港时，企图让部队下船，这时岸炮开始射击。一位日本军官站在甲板上大喊:"别打!自己人。"

铃木在前方吃败仗以后，选择了位于西海岸的帕隆庞和圣伊西德罗之间的一个名叫康圭山的地方作为残部的集中地点。此时他只剩下 1 万人。

许多人虽然能脱身，却无意到铃木那里。被困在 2 号公路和西海岸山里的第 102 师团长福荣真平中将正在计划逃离莱特岛。12 月 29 日夜晚，铃木收到了福荣一个多星期前发来的电报：

第 102 第 102 师团正开赴海岸，将在那里乘小船前往宿务。

铃木大怒，在他的经历中，这种行动是前所未有的。

"立即把他提交军事法庭即决审判。电令第 102 师团留在原地；福荣本人则带他的参谋长立即到军司令部报到。"

福荣对这个命令也置之不理。他的参谋长和田大佐这样回了电报：

我们高度评价军部的努力，但目前我们正忙于为撤退做准备。因此，师团长及参谋长不能到军司令部报到。原来为撤退准备好的船只于 12 月 30 日全部被美机所毁，因而耽搁了出发时间。是否有可能派出一艘装甲大船帮助师团长出发？

"八格牙鲁！有朝一日我要亲手枪毙了这帮王八蛋！"

但是，铃木缺少给养，康圭山的日军已经到了靠青草野菜度日的光景，盐是从海水中提取的。只消美军一个猛攻，他的山坡就完蛋。他也渐渐地体会到了做出牺牲是否有意义。而且，山下已经命令他撤退。

对一个充满了军国主义精神的武士来说，这是个悲痛的决定。首先开拔的是玉师团。1945 年 1 月 12 日，片冈及其司令部人员分乘 3 艘小艇出发，到达宿务时，只剩下 743 人，4 挺重机枪、11 挺轻机枪和 5 个掷弹筒。玉师团出去以后，其他部队就被美军封锁了。继续后撤已经变得几乎不可能了。

在莱特岛的丛林里。散兵在四处奔走，陷入了绝境。在浩瀚的林海里，人就像蚂蚁一样微不足道。事实上，人还不如蚂蚁，丛林是蚂蚁的天堂，却是人的地狱。在丛林里，蚂蚁也吃人，只需几个小时，它们就能把一个人吃得只剩下一具白骨，而蜥蜴又会接踵而至，把尸骨弄得支离破碎，野猪则叼着骷髅头到处乱跑……

最令人恶心的是，在丛林中产生了自相吞噬的饕餮"皇军"。他们为了活命，靠宰杀、吞食过往的战友来维持生命。

而康圭海滩也已经到了尽头。在海滩上，饥饿的人们发明了一种残酷的方法来捕捉螃蟹。他们把死去战友的骷髅头搜拢来，扣放到沙滩上；第二天去翻开头骨，里面准能藏着几只小蟹。一时间，海滩上星星点点地充满了白森森的头骨和漂动着头发的尚未完全腐烂的头颅……

第六章

进军吕宋岛

  莱特岛失利以后，山下奉文就把防守菲律宾群岛的赌注押在了吕宋岛之战上。为此，他在该岛集结了 25 万日军和大量作战物资，并拟订了一个完善的纵深防御计划。对盟军来说，吕宋岛同样是麦克阿瑟所关注的重要目标。当莱特岛的地面作战还在激烈进行时，麦克阿瑟的心已经飞到了马尼拉。

NO.1 登陆民都洛

麦克阿瑟在莱特岛上刚站稳脚跟，他就把目标盯在了吕宋。

从莱特湾出发向吕宋进发，无论走哪条航线，都要经过苏禄海、锡布延海、菲律宾海或中国南海。他的舰队在两天以上的航程中，将遭到从菲律宾群岛上 70 余个日军机场上起飞的日机的空袭。所以，他必须首先占领一个踏脚石，利用那里的机场来掩护他在吕宋岛的登陆。他把这个目标定在了民都洛岛。

日军认为民都洛岛是"最坏的一个岛"：它上面丘陵起伏，遍地泥浆。本间雅晴曾试图在这里修飞机场，一连修了 8 个，全部废弃。日本的测量专家告诉山下奉文：民都洛不宜修建飞机场。因此，山下奉文认为美军也不可能占领这个岛。但他低估了美国"海蜂"的能力，错误估计了麦克阿瑟的目标。他认为美军可能首先占领帕奈，然后在尼格罗海滩登陆，结果忘了民都洛。民都洛面积 9,700 平方公里，比莱特岛还大，他却只派了 200 名日本兵。

麦克阿瑟认定这是一次好运。因此，他事先邀请了一大批人观战。这些人包括海军陆战队的高级将领、大批随军记者和英军高级观察人员。

陆战 1 师的奥勃莱恩·贝克上校是其中的一员。

他的伤刚好，正准备返回部队，这时他收到了一封信。他一看信封，就认出是麦克阿瑟将军寄来的，将军印过一种特殊的信封，背面印刷着：发扬巴丹和科雷吉多尔精神！信是由打字机打的，结尾有麦克阿瑟亲笔签名，内容如下：

致陆战 1 师第 5 团亲爱的奥勃莱恩·贝克上校：

我军已在莱特岛登陆并站稳该岛。下一步将执行我的"步兵 III"作战计划，在吕宋岛林加延湾、苏比克湾和巴坦加斯登陆，把美国国旗和菲律宾国旗重新在马尼拉广场上升起。该战役将由陆军第 6 和第 8 集团军执行，并先行攻占民都洛岛。鉴于陆战 1 师和我长期密切的合作，您的指挥艺术和战争精神给我留下深刻印象。

特此邀请您随军观察。我相信这是一次有趣的旅行。

如蒙光临，不胜荣幸。

您忠实的

道格拉斯·麦克阿瑟上将

1944 年 11 月 15 日于菲律宾塔克洛班

▲ 麦克阿瑟在吕宋岛查看被击落的日军飞机。

　　"道格还没忘记我呀！"奥勃莱恩非常高兴，欣然从命。他向鲁普尔塔斯少将请示之后，即搭乘一架顺路飞机飞到马努斯岛。接着从马努斯直飞莱特，正好赶上了民都洛航渡启锚，他乘的那条船正巧又是 LST－472 号坦克登陆舰，这是他以前的"老相识"，因而感到非常亲切。

　　船上拥挤不堪。到处是粗鲁的士兵、吆喝着的军官、黑人司机和印第安人通讯员。热带海洋气温高，到处是柴油味、发馊的啤酒味和男人身上的汗臭，这是登陆前夕特有的气味，它使奥勃莱恩感到兴奋。LST－472 号编在民都洛登陆编队中，驶出苏里高海峡南口后，舰队进入夜航灯火管制，灯光熄灭，所有的舱口和舷窗都蒙上黑布。奥勃莱恩依着一辆被钢丝固定的吉普车，看着海峡西岸黑乎乎的莽林。星星偶然从云缝中露一下。四周的宿务岛、尼格罗斯岛、班乃岛和维塞亚群岛上都有日军的重兵。在苏禄海中航行 290 海里，就像惊险小说那样紧张。

　　夜风很大，空气清新。离奥勃莱恩不远的地方有一座 40 毫米高射炮。炮座上有四名炮手。瞄准手握住高低机的手轮，副射手握着方向机的手轮。两个弹药手在抽烟：个子高的哼着家乡小调，中等个的捏着十字架在祷告。日本飞机没有来夜袭。奥勃莱恩没有同那些参观者一起登上"纳希维尔"号巡洋舰，它上面有复杂完善的通讯系统，生活和工作服务都很周到。可是要获得登陆的真正体会，再没有比呆在一艘 LST 上更合适了。

海上有磷火，岛上有火光，不知是日本人的还是菲律宾居民的。这是一个充满神秘色彩的苏禄海之夜，一个令人神经紧张激动的航渡之夜。

天蒙蒙亮，一切都笼罩在灰蒙蒙的雾里。雾幕一下子被风和阳光拉开，所有的美景都显露出来了。船队两侧不时出现几个海岛。奥勃莱恩接过亚历克斯先生的大型航海望远镜，对准海岛贪婪地看着。

突然，飞机引擎声划破了苏禄海上的宁静。

高射炮手们紧张起来。各舰艇的对空射击指挥中心和情报中心接通。情报中心发出一连串信号和指令，反复校核着大量数据。所有高射炮和机关炮的炮口都指向天空，弹药手们根据命令手忙脚乱地调整引信的起爆高度。疲惫的陆军士兵和军官们匆匆穿上软木救生衣。

一架日本飞机一下子从云丛中冲下来。谁也没有精神准备。它俯冲下来，在海平面上把航向转成和LST－472号的纵轴方向成90度，对准舰桥从左舷冲来。飞机一下子在舰桥上撞得粉碎，所携带的炸弹也爆炸了。奥勃莱恩上校被气浪冲倒，头撞在舱壁上，昏了过去。他的四周，横七竖八都是尸体和残肢，伤兵还在哼哼叫着。

海面上漂着油斑和死尸。天空中还在进行着激烈的空战。一架架自杀飞机被打下来，从云层中拖着长长的烟尾，企图最后"亲吻"一下它的目标舰。所有的美舰都在疯狂地射击。军舰的127毫米炮、40毫米炮打得像机关枪一样密集。天空中布满了烟团，响彻着战斗机追逐时引擎刺耳的啸声。舰队中不断有舰艇被自杀飞机撞中起火。

在"达希尔"号驱逐舰的帮助下，奥勃莱恩上校等人都转移了。对他来说，麦克阿瑟的"观战"信，竟成了死神的请柬。

日本的"零"式机、"九七"式舰载轰炸机、"九七"式陆基战斗机还在发疯地进行自杀式的撞击。除非把飞行员在空中击毙，否则没有办法阻止他们。民都洛航渡船队仿佛一条巨龙，在毒蜂的攻击下摇动、痉挛、怒吼。它一边作战，一边顽强地在苏禄海上航行。

这时，又一架日机从一艘LST上掠过，机翼切断了天线，在距离坦克登陆舰5米的地方钻入水中，激起了高大的水柱。飞行员显然没有把握好俯仰角。另一架日本双引擎轰炸机则扑向巨大的"西弗吉尼亚"号战列舰，但是它被280毫米大炮命中，立即化成齑粉，宛如一个被击中的氢气球。一架日本彗星式战斗机在撞上"哈拉顿"号驱逐舰前的最后一秒钟时，舰长机智地打了右满舵，神风队员来不及做最后一次校正，或许他早已闭上双目，等待着升天成为军神。这时，它从"哈拉顿"号的舰桥上斜划过去，右翼划上了舰桥建筑物，机身一拐，撞上了救生艇，左翼把探照灯划到海里去了。它携带的那枚炸弹轰然爆炸，掀掉了"哈拉顿"号的烟囱。机身油箱撕裂后，汽油泼溅到上层甲板上，忽地腾起了一片火海。浑身起火的水兵不顾一切地跳入海中。缺少了烟囱的"哈拉顿"号被洁白的大团高压蒸汽罩住，一切都看不清了。

民都洛航渡舰队旗舰"纳希维尔"号巡洋舰未能躲过神风队员的眼睛。大西泷治郎和福留繁中将专门叮嘱这是麦克阿瑟的旗舰，务必歼灭它。

"纳希维尔"号被撞中，这时麦克阿瑟不在舰上。它已成为登陆总指挥斯特鲁布尔少将的旗舰。斯特鲁布尔的参谋长、突击队司令登克尔准将的参谋长和大批高级观战将校均被撞死，大批人员负伤。"纳希维尔"号和"哈拉顿"号不得不返回莱特湾。

这是一个悲痛的日子。

菲律宾人第一回听美国人用悲泣的声音唱起《星条旗之歌》。

12月15日，斯特鲁布尔少将的航渡编队在民都洛岛南岸的圣约瑟镇附近登陆。登陆过程一切顺利，无一伤亡。迎接他们的是菲律宾特有的含着一脉哀愁的田园、水牛、红花绿树、竹林和戴斗笠的农夫。没有一个日本人！

马歇尔向麦克阿瑟发来了贺电：您在莱特所完成的和正在民都洛所从事的是出色的工作。我祝您和您的部队不断取得胜利，一切平安。

麦克阿瑟则是另一种心情："此刻，屹立在吕宋的门槛上向敌军挑战，这符合我们祈祷者好几个月以来的愿望。"

No.2 垂死挣扎的"神风特攻"

所谓"神风"，原指1274年和1281年两次摧毁元世祖忽必烈派到日本的舰队、使日本免遭入侵的大台风，当时的日本人认为这是神的旨意。1944年，随着美军在太平洋战场上攻势的加强，日军在这一地区连遭失败，海空力量受到很大损失，处境日益困难。穷途末路的日本当局期望神风再次显灵，

透过稠密的雾，隐约望见对岸，

顽敌正在酣睡，四周沉寂夜阑珊，

微风断断续续，吹过峻崖之巅，

你说那是什么，风中半隐半现？

现在它的身上，映着朝霞烂漫，

凌空照在水面，瞬时红光一片。

这是星条旗，但愿它永远飘扬，

在这自由国家，勇士的家乡。

　　这是任何一位美国陆海军士兵都熟悉的歌，也是任何一个美国儿童都熟悉的歌。整整130 年前，弗朗西斯·凯怀着极大的激情创作了《星条旗永不落》，它铿锵有力的旋律使它成了美利坚合众国国歌。

　　在一个菲律宾的黎明之前，在民都洛渡航舰队中，对死者和垂死者唱起它，整个歌词都仿佛超越了历史的烟尘，降落在菲律宾海面上。它的战斗激情，会使每一个美军士兵和水手得到鼓舞，仿佛自由女神就站在他们的身边。

▼ 美军陆战队正搭乘 LST 登陆艇驶向岸边。

以挽救其最后失败的命运，于是利用国民对神风的崇拜和狂热的爱国情绪，在空军中组织"神风特攻队"，不惜一切代价，使用自杀性的"神风特攻"战术，让飞行员和水兵驾机、驾舰撞击美国舰艇。起初打算将参加特攻行动者集中编为正式部队，后来又决定以个人资格配属于作战部队，临时编为特攻队。

12月13日，当暮色降临到吕宋岛马哈洛卡特田野的时候，一辆黑色轿车来到日本201空军大队指挥所，从车上走下来的是日本第1海军航空兵司令大西陇治郎中将。

大西陇治郎是山本五十六的得力助手，主张"空海论"，曾极力推荐水野义人进入航空本部，被认为是日本最有名的空战先驱。他认为，要扭转战局，只有采取"敢死冲撞攻击"。这是以微小牺牲换取最大战果的唯一办法。

进入指挥所后，他立即召集201大队参谋人员开会，并对他们说："形势已到了十分严峻的地步，保卫菲律宾成功与否，关系到整个帝国的命运。我们的海军已经同美军进行了艰苦的激战。我们的任务是要破坏敌人的航空母舰。但是，根据我们现在的力量，继续使用常规战争方法已不可能赢得胜利。我的意见是，只有用零式战斗机，装满每枚重250公斤的炸弹，向敌人航空母舰的飞行甲板俯冲撞击，才能制服敌人。"

当大西的眼睛扫向与会者的时候，众人像触电一样，十分明显，他此次来访的目的是要鼓励士兵发动自杀性攻击。

招募特别攻击队飞行员的工作同时也在其他军事基地进行着。

傍晚6时，克拉克基地的所有飞行员都集合起来开会。指挥官说："每个志愿参加'特别攻击队'的人都要在一张纸上写上自己的名字和职衔，然后放在一个信封里封起来；如果你不愿当志愿人员，你就在信封里放一张白纸。你们现在有3个小时的考虑时间。"

1944年12月14日，一个风急云乱的菲律宾的黎明。

曙光照亮了五颜六色的野花。在一栋乳黄色的西班牙风格建筑物前，站着一队"神风"特攻队飞行员；他们都是年轻人，怀着热烈的赴死之情，目光中毫无畏惧。他们有人结了婚；有人有未婚妻，然而并不牵挂。许多他们的同时代人已为帝国效死在沙场上，他们也不贪恋自己的生命。虽然他们没有飞过几个起落，技术很差，根本无法攻击防卫森严的美国军舰，可是，现在他们却负起了保卫天皇的重担。

神风队分为四个小队：敷岛、大和、朝日、山樱，一共24名飞行员。

他们吃过了丰盛的早餐，留下了绝命书和遗物，并抓紧时间洗了一个澡。

日出后不久，大西陇治郎亲自召见了24名神风特攻队员。

大西走近他们，同他们一一握手，然后发表演说。他的声音因充满感情而有点颤抖：

一架日本飞机被美军击落。

▲ 逼近民都洛岛的美军登陆艇，不远处是一艘遭日军自杀性攻击袭击后起火燃烧的美军舰只。

"诸君，日本民族面临着多事之秋。能够理解和分担国难的，并不是重臣、大将、军令部长，或者像我这样的老军人。能为我们祖国承担命运的正是你们，正是你们这些精力充沛、天真纯洁的年轻人。所以，我代表日本国民，代表全军将士，恳求诸君。祝各位马到成功。"

他越说越动情，声音颤抖，难于自己："诸君，你们已经是神啦！是日本人最景仰的军神。正因为你们成为神，你们才不留恋这个污浊的可悲的尘世。"

"如果说各位还有什么愿望的话，那么，我猜想大家是想知道自己的攻击换取的相应代价，你们唯一的遗憾恐怕是这件事吧。因为自己的长眠而无法得知此事。各位请放心。我虽然无法通知各位，但我会如实地报告给我国和天皇陛下。你们的战功将传遍全世界，因而诸君的灵魂将得以安息。"

"各位，那就拜托啦！"

大西言毕，眼里饱含着泪水，喉头呜咽，几难成声。他不得不回过身去，静默了半分钟，然后转身走到每一个特攻队员面前，以海军中将的身份，向每人深深地鞠了一个90度的躬。未见过世面的特攻队员被感动得泣不成声。

特攻队员开始穿上飞行服，头上扎着书有"大和魂"的白丝带。他们一个个同基地长官和地勤人员告别，饮上一碗日本酒，然后跨入"零"式机的座舱。机械师早在副油箱的挂架上挂了一颗 250 公斤炸弹，并把保险装置接到座舱中，他们特地叮嘱飞行员："撞上敌舰之前，千万别忘了打开保险装置！"

"神风"队员挥挥手，机械师帮他们合上座舱盖。发动机响起来，飞机爬上天空，向南飞去。

于是出现了前面民都洛渡航舰队的悲壮一幕。

1945 年 1 月 3 日，吕宋岛克拉克机场。

大西陇治郎中将的吉普车又吱吱叫着碾过了克拉克基地一片荒草，开到了跑道的尽头，绕了半个圈，向正在交谈的两名军官开来。

"啊，大西中将，您好！"杉本向来者打招呼。小林轻声说："他是策划偷袭珍珠港的名人哪！"

大西走近了他俩，动了动嘴唇："随便谈谈吧，杉本君，小林君。比岛冲海战（日本人对莱特湾海战的称呼）的结果你们都知道了吧。"

两人含泪点点头。

大西激动起来，雪茄烟在手中晃动。

"用了国民那么多钱造的'武藏'舰，连一炮未发就叫敌机击沉了。苏里高海峡西村全军覆没，可耻。栗田更是头蠢驴。可悲呀，海军！永远记住这个耻辱吧。"

杉本听着，忘了吸烟。烟灭了，他拿在手中。

大西说："但是，同无能的海军相反，我的飞行员们取得了很大战功。关雄男大尉指挥四架飞机，在萨马岛外同时攻了三艘美国航空母舰，两艘被严重摧毁。关大尉攻击的'苏万尼'号，发生了大爆炸，火焰有 300 米高，仅仅 20 分钟就沉没了。他可比栗田'大和'舰的威力大多了。你知道，他们是撞击了敌舰。"

杉本愤愤然地说："早该这样干！"

大西泷治郎中将丢掉半截烟头，又拿出一支来抽，他激动地讲起这段历史。美国飞机就在云中翻飞，机枪声仿佛给大西中将的故事加着标点符号。

"瓜达卡纳尔岛战役以后，海军的惨重损失慢慢透露出来，海军将士们议论纷纷：只有用带炸弹的飞机去撞击敌舰，战争才有希望。因为美国佬有无穷无尽的资源，对他们来讲，人比军舰宝贵，而我们恰恰相反。"

"马里亚纳海战，杉本君亲自参加啦，我们的新飞行员的轰炸技术让人羞愧呀！用 300 架飞机居然炸不沉一艘敌人的航空母舰，我们再也损失不起飞机了。寻常的战法再也没有效果啦……为了战胜起见，只有横起心肠，用"零"式机带一枚 250 公斤的炸弹去撞

击敌舰。"

"大西司令长宫，让我也参加特攻队吧。"杉本急迫地说。

"还加上我。"小林也着急地表了态。

"多谢。那就不客气啦。有杉本这号空中英雄，'神风'队一定会沉重地打击美国佬的。"

他拍拍杉本的肩膀："你的价值超过一艘美国军舰。你的任务是把他们带到敌人舰队上空，告诉他们各项飞行数据和技术要领，然后观察，记录他们成功和失败的原因，好用来培养下一批特攻队员。使我们的青年人，一批批走上生命的顶峰，而美国佬则跌入黑暗的深渊。菲律宾后面，还有台湾，还有千岛群岛，还有琉球群岛，直到日本列岛。只要我们抵抗到底，到处都会变成美国人的坟场。他们会畏惧我们的军人、我们的青年。他们付出了高昂的血的代价，祖国的安全获得了保障，天皇陛下的圣心也就安宁了。"

杉本去见福留繁中将，他跟大西早就商量好了，安排杉本同小林一起去执行组建特攻队的任务。

"杉本嘴笨，让小林去讲。"大西讲。

福留繁点点头。

小林到底是知识分子。他向飞行员们讲了神武天皇以来的日本历史，讲了日本的文化和日本的宗教，讲到日本武士的传统精神，讲到如此伟大的一个民族却面临着亡国灭种的危险，而拯救日本只有靠各位以生命去殉国。他唱起了江田岛海校的校歌：

我们是美丽的樱花，

怒放在海军学校。

……

"人总要一死。与其在美国鬼子统治下苟活，不如壮丽地死去，成为后人景仰的军神。"

美舰载机准备升空飞往马尼拉执行战斗任务。

飞行员们受了感召，情绪高涨。

杉本重新站到队列前："诸君，今天晚上我在营房里。你们如果有谁愿意参加'神风'队，请个别到我住处来。不来者我也为他保密。我们只要无牵无挂的人，你们完全可以自愿。听明白了吗？"他大声问。

"听明白啦！"飞行员们齐声回答，许多人的脸上挂着泪珠。

1945年1月6日黎明，从莱特湾起航的美国登陆舰队已到达菲律宾西海岸。

麦克阿瑟的舰队像无数树叶在深蓝色的海面上漂动，所有的一切都停止了，无线电保持沉默，只有发动机有节奏的跳动声和海浪拍打声划破了这里的宁静。气氛平静而又紧张。麦克阿瑟站在"博伊西"号巡洋舰上，他的舰旗在不久前的民都洛进攻中遭到了打击，痛失爱骑，这是一件不幸的事。但是，却又是一件好事。就那么巧，他唯一的一次登陆缺席，"坐骑"就被人斩于马下。现在，他正站在新的"坐骑"上面望着眼前的一切，他的心里涌起了万千思绪。那边，在远处地平线的太阳光下闪烁着的就是马尼拉、科雷吉多尔、马里韦斯和巴丹。凭栏远望，那是他昔日的家园。他感到一种莫名其妙的损失、悲伤、孤独和庄严的献身精神。

就在麦克阿瑟沉浸在对往事的回忆中时，一枚鱼雷抖动着凶恶的尾波穿过海面，直冲"博伊西"号而来，天空中突然爆发出不祥的号令："各就各位"。"博伊西"急剧地向左或向右转去，避开那道致命的白色水纹，护航驱逐舰上扔下的深水炸弹布满了巡洋舰的四周。一艘外形酷似水淋淋的黑鲸的小型潜艇突然露出水面，在驱逐舰的猛烈炮火下，冒着水泡，葬身海底。随着螺旋桨的转动声，敌人的自杀飞机也凶狠地俯冲下来，在一阵震耳欲聋的高射炮弹声中，各条舰艇一齐开火，整个海面成了一片火海。

空中，克拉凯少校正率领他的战友像驱赶苍蝇一样在空中上下翻飞。

克拉凯刚从中太平洋赶来。当飞达民都洛上空的时候，他收到了地面的指示：前往林加延湾的美国舰队遭到大量自杀飞机的攻击，务必消灭敌人自杀飞机。

当他飞抵林加延湾上空的时候，美国舰队正被挡在林加延湾西南100海里的地方。神风机竟然成了那里的王者，一艘艘军舰像一群粗腰肥臀的女人笨重地扭动着屁股，在神风机的追赶下东摇西晃。

克拉凯少校怒火中烧。

他一推机头，来了一个大角度俯冲，冒着友舰的炮火，鹰隼一样咬住一架特攻机，用20毫米机关炮开火，先打乱了自杀机的航向，然后截住了它的去路，用一发炮弹打掉了它。他离那架"零"式机太近了，可以看清日本特攻队员的脸：那脸上的表情疯狂而热烈，飞行员白色的缠头上溅满鲜血。敌机的座舱玻璃全碎了，飞行员可能已死了，他的表情凝固在脸上，手僵硬地握着操纵杆，从离那条驱逐舰几米的地方扎入海中。

他拉起机头，朝克拉克机场飞去。

在空荡荡的飞机跑道上，什么都没有，在跑道旁边的草丛里，隐蔽着藏在伪装网下的日机。

克拉凯在仔细搜索着，空军基地沉默着，静得可怕。

一个黑影向他扑来，是敌机！他的直觉从未骗过他。他想拉起机头，利用P－38优越的爬升性能躲过这一击。

可是已经晚了。

躲在云中一直处于观望状态的杉本从林加延上空就跟上了他。由于杉本负有重要的观战任务，他要记录日本飞行员的失误之处，不断地改进他们的训练。因此，他没有分神发动攻击。当他完成任务回基地时，他惊喜地发现一架敌机竟然自投罗网，便从背后发动了袭击。

杉本稳稳地在克拉克的跑道上着陆了。几个人向他的飞机跑来。一位机械师打开他的座舱盖，伸出大拇指："杉本先生，恭喜啦，你打下的这架P－38，是今天基地上空击落的唯一一架美机。你的枪法真神哪！"

杉本跨出座舱，接着从机翼跳到地面上。他看到，不远处，美机的残骸还在冒烟，四周围满了日军士兵和闲人。天色阴沉，狂风迎面劲扫，杉本走得愈发吃力。不知谁说了一句："击落美国鬼子的英雄来啦！"人群忽啦让开一个缺口，所有的人都向他打招呼，看不清他的人还踮起脚。

杉本穿过人们给他留的空隙，看见了那架摔碎的美机。P－38L战斗机被摔成三部分：

机头和两个机身都分离了。火熄了，蒙皮熏得乌黑，白色的五角星依然醒目。在机头上漆了 23 面菊日徽。飞行员在飞机七八米远蜷缩着。

杉本大吃一惊。这架美机的驾驶员击落了 23 架敌机，他一定是什么王牌飞行员吧。他走过去，蹲下，扳起他的脸。

这是一张英俊的孩子气的脸。胡子刮得干干净净，前额宽阔，富于机智，高鼻梁，灰色的眼睛瞪着天空，仿佛有什么怨恨还没有发泄。他的眼神是令人难忘的，真正的鹰一样的目光。一发 12.7 毫米机枪弹从他胸口穿过。在他的左臂上，有一张不锈钢军牌，上面赫然标着：

埃德加·M·克拉凯少校
1922 年 1 月 7 日生于亚拉巴马州莫尔比市
军号：4780093

原来，他就是美国军方大肆宣传的"空中屠手"克拉凯少校，明天是他的 23 岁生日。

No.3 登陆林加延湾

神风机的进攻没有摧毁美军的战斗意志。美军舰队已经开进了林加延湾。

对麦克阿瑟来说，这次登陆比以往所有胜利加在一起的意义还要重大。多少个日日夜夜以来，他饱受因失败带来的耻辱的折磨，现在他的梦想就要实现了。如果说，莱特湾登陆满足了他那"我还要回来"的梦想，现在，在林加延湾，他要让日本人和菲律宾人知道，他是怎么回来的。他就要沿着日本人进来的道路，一一解放那曾经沦陷的土地。而似乎只有这样做，他才能扫除心中的这口恶气。

1 月 8 日，在夜色的笼罩下，舰队在林加延湾集结。第二天破晓时分，海湾里云集了一大片来往的舰船；从海平面的一端到另一端分布着 800 艘灰色船只。仁牙因湾的日出是迷人的。当磅礴的朝阳从吕宋的苍茫大地上跃出，黛色的天边一下子消隐了，那银灰色的亮带迅速向左右和上方扩散，吕宋岛上隐没在昏暗中的莽林、村舍、沙岸、海堤、小船魔术般地变出来，使麦克阿瑟大为感动。他告诉身边的人："我的脑海中一直浮现着这幅情景。看到它，又勾起了我对我们家族往事的怀念。那么伤感，那么哀凉，那么寂寞，又是那么缠绵。"

这是一个难得的晴天，连美军都认为是上帝对自己的偏袒，多少有些迷信的菲律宾人认定是出现了奇迹。上千的登陆艇一下子冲向海滩，从东边的圣非比安到西边的林加延城。

麦克阿瑟在莱特岛接见菲律宾游击队员。

美军占尽了天时和人和，不费多大周折，就轻松上陆。不到一天时间，便占领了比原计划大 100 倍的地方。有些地方部队几乎是跑步上岸的。

午饭后，麦克阿瑟、萨瑟兰、埃格伯格、莱尔巴斯和其他几个参谋登上了一艘登陆艇前往圣法比安附近的海岸。海军修建营已经估计出麦克阿瑟要到达的时间，他们用推土机推出了一道小小的沙堤，这样麦克阿瑟这一次上岸时就不会打湿自己的脚。但是，麦克阿瑟到达这里时，却执意要趟水上岸。于是，登陆艇向浅滩开，当斜板被放到 0.6 米深的水里时，麦克阿瑟大步流星地从斜板上走下去，几乎与莱特湾登陆时一模一样。几百名菲律宾人从刚才的海岸跑向浅滩对面，麦克阿瑟则溅着水花向大家走去，人们欢呼雀跃，大声喊着"玛布海！"（欢迎之意）。他在岸上与到场的人还有部队官兵交谈了几个小时后，没有像过去那样发表演说，就返回到"博伊西"号上。他找到工兵司令官杰克·斯维德鲁普准将，命令他在 7 天以内修建一条 1,500 米长的飞机跑道。

1 月 13 日，麦克阿瑟把司令部搬到了岸上，住在达古潘镇的一所中学里。办公室设在操场上的一间平房里。

此时，日军司令官山下奉文采取了跑为上策的战略。

他命令放弃滩头决战，放弃大城市，所有部队进入山区，他要同麦克阿瑟打一场山地战。他命令日军在吕宋岛上的山区修筑工事，坚守阵地等美军自己送上门。他的具体部署是：在吕宋北部山区部署 15 万人；7.5 万人部署在马尼拉以东的高地上；另有 3 万人沿着俯视克拉克机场的高地布防，只留下 2 万人保卫马尼拉，1.6 万海军陆战队员保卫港口。山下奉

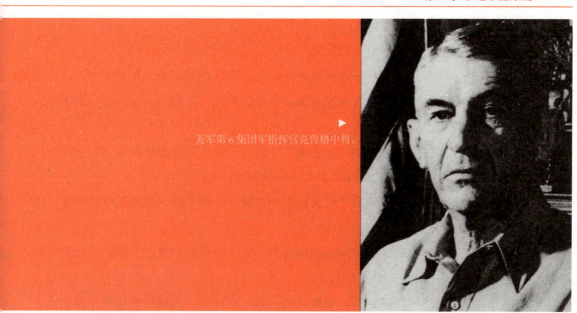

美军第6集团军指挥官克鲁格中将。

文认为这是一个响当当的计划，足以制敌于死地。

　　然而，他却忘记了一个基本的问题：一旦丧失制空权，他在山区的庞大部队如何取得给养。他没有想这个问题。他只是想，这里是天王山，丰臣秀吉当年就是这么挺过来的，"别人能做到的，我一定也能做得到。"

　　但是，美军实施了"大蓝毯"攻势，瓦解了山下奉文的神风特攻。大西泷治郎和福留繁把他们的部下全部送上了西天，自己却悄悄地飞离已成囚笼的吕宋岛，逃到了台湾。临走时，他们没给山下奉文留下一架可供出逃的飞机。日本空军自己把自己踢出了战场。

　　展现在克鲁格第6集团军面前的是一马平川，麦克阿瑟几乎要看到马尼拉那熟悉的楼顶了。

　　马尼拉平原长176公里，宽64公里。表面平坦，但河网密布，每片空地都是水田，只有沿铁路路基才有一条窄窄的行军干地，机械化部队行动缓慢。

　　而山下奉文把自己的司令部移到碧瑶山区，这对美军南下构成了极大威胁。如果把长方形的马尼拉平原当作字母"L"的一横，那么碧瑶山区就是那一竖，两者的接头处正是林加延湾。如果美军不顾一切地扑向马尼拉，山下就从山区出击，将林加延湾滩头的阵地物资全部毁灭，切断美军的退路。如果美军把主力置于碧瑶山区，那么位于马尼拉平原两侧山峰的主力就会从背后发动袭击，使美军首尾不能相顾。

　　从表面上看，这是一招好棋。

　　麦克阿瑟对此不屑一顾。他对克鲁格说："沃克，你知道吗？这个月26日，是我的生日。"

麦克阿瑟希望在马尼拉切开生日蛋糕。

"我会尽力的。"克鲁格不紧不慢地说。

对克鲁格来说,他何尝不想早一天打进马尼拉呢?那可是美军整个太平洋战争中收复的第一个首都啊!在历史上,多少人因攻入首都而名垂青史,克鲁格,作为第6集团军的军长他不可能不知道。

可是,山下奉文太讨厌了。他的"尚武集团"的十万精兵正虎视眈眈地注视着他,只要他稍微有点马虎,这只恶虎就会跑下山来咬断他的脖颈。

他终于把自己的想法说了出来。"可是我们的左翼,如果不顾一切向马尼拉挺进,山下奉文会飞下来的。"

"一刻也不放松地冲向马尼拉!同他们纠缠到一处,揍得他们灵魂出窍!这是唯一的捷径,捷径,你知道吗?这是成功的捷径。"

"但是,马尼拉平原的路不好走,部队只能一点一点地啃。如果像您说的那样简单,谁都可以领兵打仗并成为将军。"

"克鲁格,我让你记住:我在菲律宾丛林里打仗的时候,你还在吃奶呢!必须冲向马尼拉,别忘了我的孩子们还被关在水牢里,晚一步,他们就会死,死,你知道吗?"他发火了,"攻下马拉卡南宫和议会大厦!救出所有的被俘官兵,这就是你的任务。你懂吗?"

克鲁格无奈地走出了中学。

麦克阿瑟也走了出来,他对克鲁格说:"不要顾虑重重,山下奉文是准备持久战的,进攻马尼拉吧,不会有严重的抵抗。我从第一次世界大战起就精熟将道。我一直在陆军中打仗,我了解这一带的每条田坎和小丘,我这回的判断出不了错。"然后他们分别跳进了车,沿着马尼拉公路向南驶去。

汽车在登陆场以南的一个叫打拉镇的地方停了下来。

这是一个炮兵阵地。炮兵正在向前方的公路猛烈发射炮弹,麦克阿瑟大叫一声:"停车!"吉普车嘎然而止。他走下车来,带着埃格伯格走到一门放在路旁的一个巨大的水泥工事中的老式的黑色加农炮跟前。他太熟悉这个地方了。麦克阿瑟转向埃格伯格,伸出食指戳着他的胸膛,似乎为什么事情莫名其妙地感到骄傲和兴奋。

"就是在这个位置,大夫,大约45年以前,"他说,"站在我父亲身边的副官被打死了!"

埃格伯格想了一会儿,不知道麦克阿瑟这个对历史的轮回笃信不疑的人是否希望此时故剧重演,他决定不拿自己的运气做实验。突然,他对麦克阿瑟的司机狂吼道:"他妈的,赶快离开这儿!"然后慌忙爬回到吉普车里。

克鲁格在克拉克空军基地同冢田喜理智的"建武集团"发生了激烈对峙，停止了前进的步伐。

看来，在马尼拉过生日的打算要泡汤了。麦克阿瑟乘坐他的吉普车回到达古潘，沮丧地摇着头喃喃自语道："沃克太固执了，看来我得试试别的办法。"

他决定把艾克尔伯格中将的第8集团军投入战斗，抢先夺下马尼拉。这是麦克阿瑟从拿破仑那里学到的一条用兵之道。他要运用他的手段让第6集团军和第8集团军展开竞赛。同时，在第6集团军内部，还要让两个师之间互相竞争。因为，他敢肯定，如果让第8集团军的一个师有机会从莱特出发并攻占马尼拉，克鲁格会因此而跳起来。他不能容忍落入自己口中的肥肉再吐出来送给别人。

"决不能让第8集团军在这场战争的后期大出风头。我们已经被蛇咬过一次了，这一次无论如何也不能犯第一次的错误。"当克鲁格知道第8军即将投入战斗时，十分嫉妒。开始采取突进措施。

这时的第8集团军早已在莱特岛不耐烦了。艾克尔伯格对把自己留在莱特扫清残余十分不满。他尤其不满麦克阿瑟提前宣布了莱特岛抵抗的结束。事实上，就在麦克阿瑟讲完这句话以后，第8军又消灭了日军将近4万人。

"这怎么能说成是抵抗结束？我们在这里打一场已经结束的战争，好机会都让第6军抢走了。这不公平。"

麦克阿瑟早就知道艾克尔伯格的这一情绪。一直希望给第8军一点刺激，现在，机会终于来了。

"我要让第6军和第8军平行推进，八仙过海，各显神通。"麦克阿瑟得意地笑了。

第8集团军果然迫不及待，他们派出了他们的王牌——第11空降师，在距离马尼拉西南72公里的纳苏格布湾发动了两栖突袭。

但是，第8军同第6军一样，在向马尼拉前进的途中，被阻滞在尼科尔斯机场，陷入了僵局。由于伞兵的突击力不像陆军那样带有持久性，第8军也让麦克阿瑟失望了。他的目标又移到了第6集团军身上，这一次，他不是期望克鲁格，而是把希望放在了克鲁格手下的两支杰出部队身上，一支是第1骑兵师，一支是第37师。他要从这里找到突破口，找到希望所在。

马尼拉已向他招手，麦克阿瑟只有运用智谋才能最终攫取它。

第七章

重夺马尼拉

马尼拉是一座美丽的城市，正如帕西河畔的尼拉特花那样，闪着动人的光彩。即使在日军铁蹄统治下，也掩藏不住它的美。美军登陆之后，目标直奔马尼拉。马尼拉市郊已经隐约听到了枪炮声，正如四年前发生的一样。然而，日军会像美军那样把马尼拉宣布为不设防城市吗？马尼拉能否躲过这场炮火的洗礼呢？

看来，马尼拉的命运，只能由上帝左右了。

NO.1 夺回科雷吉多尔

麦克阿瑟在北南双方陷入僵局以后，为了实现早日打进马尼拉的目标，他开始另谋出路。他翻开地图，不禁大叫了起来，"我怎么把这里给忘了。"

他指的是科雷吉多尔岛，那个曾经给他带来了无限烦恼和悲伤的地方。

麦克阿瑟对这里再熟悉不过了，他几乎知道上面的每一条小道和每一块石块。科雷吉多尔古来被称为"太平洋上的坚固要塞"。它的形状像蝌蚪，头部为高出马尼拉湾150米的方形平台。头部的东面是山腰，坡度陡峭，悬崖林立，不易攀登。再往东是一条狭长的沙滩，为岛的尾部。靠近山脚低地的地方，就是著名的马林塔山及位于山脚下面的那条马林塔隧道。在那里，麦克阿瑟不知骂过多少次娘。

3年前，他从那里败走，那时他做梦都想回到科雷吉多尔岛。但是，太平洋上的胜利，使他忘掉了所有烦恼，以至于把它也忘记了。现在，他又想起了它，想起了他曾经对温莱特许下的诺言。

此时，在科雷吉多尔岛上。

科岛防务司令板垣也接到了山下奉文关于"美军有对该岛实施空降的企图"和"加强反空降措施"的指示。

板垣看着这份电报，竟然笑起来。"笑话！麦克阿瑟要在这里伞降，笑话！"

他边说边走出了指挥所，爬到山坡上，向岛上一眼望去，在他面前到处是坑道和隐蔽的炮兵阵地，沿岛四周架设了铁丝网并埋设了大量地雷。岛上粮食和弹药充足，在岛的尾部海滩上还有一条美军占领期间修的长仅270米的金德里机场。跑道太短了，难以实施空降。他对身边的参谋说："这里地势狭小、险要，美军不可能进行空降突击。"

然后，他一转身溜下了山坡。

在民都洛岛上，为了夺取科岛，美军组成了"岩崖纵队"，琼斯上校负责指挥，伞降场设在山顶平台的高尔夫球场和练兵场。

2月16日，天刚蒙蒙亮，从陡峭峡谷中徐徐升起的晨雾，轻轻飘过科雷吉多尔岛的练兵场和高尔夫球场。这时，停泊在马尼拉海湾口外的美军3艘重巡洋舰、5艘轻型巡洋舰和14艘驱逐舰的大炮开始抖动起了身子，像雨点一样朝科岛上空发起了怒火。接着，第5和第13航空队的70多架轰炸机和攻击机又从7时47分开始把3,125吨炸弹倾泻到岛上的各种军事设施和炮兵阵地上。岛上的35个高射炮阵地顷刻间被摧毁，到处是残垣断壁和被炸断的树木，所有电话线都被炸断，日军失去了相互联系。科岛处于一片混乱之中。

美军舰艇向登陆的美军提供炮火支援。

　　而在民都洛岛机场上，"岩崖纵队"的其他士兵则背着降落伞和携带的装备登上了飞机。7 时 15 分，C－47 飞机通过薄薄的晨雾滑到起飞线上，接着一架一架地腾空而起。51 架运输机在空中编成长长的两路纵队，径直向北飞去。8 时 30 分，正当美军的航空火力从顶部台地转向岛的尾部地带时，首批运输机经过 1 小时 15 分的飞行，在海拔 330 米的高度上成两路纵队从西南方进入了科岛上空。左路纵队飞向练兵场，右路纵队飞向高尔夫球场。

　　第 3 营营长约翰·埃里克森中校站在第 1 架飞机的机门口，一面侧身观察烟尘弥漫的练兵场，一面留心看着机舱门口上方的绿色信号灯。海岛在机下飞速移动。当绿灯亮时，伞兵们一个接一个迅速跳离飞机。天公不作美，这时海上刮起了每小时 30 多公里的南风，岛上风速达每秒 11 ～ 12 米，第 1 次跳下的伞兵大多落在了预定空降场以南的地面上，该地到处是弹坑、炸断的树木、倒塌的房屋和炸烂的铁丝网，许多身负重载的伞兵，着陆后倒在地上被降落伞拖拉着爬不起来。团长琼斯乘飞机绕岛飞行，指挥空降。当他发现风速过大，伞兵大部分降落在场外后，决定把跳伞高度降低 30 米，把飞机通过空降场后 6 秒钟跳伞改为 10 秒，后来他又把 10 秒改为 20 秒，终于把第 2 次进入的伞兵准确地空降在预定空降场上。

　　运输机第 3 次进入空降地域时，琼斯带领 5 名士兵从 122 米高度上跳下来，结果偏离了目标。

　　地面上，日军开始反扑。

直到这时，板垣才开始明白，美军真的来这里空降了。他抓起电话机，里面一个声音也没有。他手持军刀冲出指挥所，企图亲自组织反击。但刚出指挥所没几步，被风刮到指挥所旁边的一名美军扔来了一颗手榴弹。板垣连哼一声都没来得及便上了天。日军群龙无首，被美军压缩在从海滩通往顶部台地的詹姆斯山谷、切尼山谷和拉姆齐山谷内。这时，琼斯命令调来几挺 12.7 毫米机关枪，以强大火力把敌人压制在谷内动弹不得。

步兵借这一时机迅速上岸，很快通过布雷场和铁丝网并发起冲击，于 11 时占领了马林塔山。

这时伞兵第 2 梯队也控制了局势，夺取了日军高射炮阵地，控制了由南船坞到山顶的公路，居高临下展开攻击，并配合步兵实施分割包围。日军被迫走出洞穴与美军进行白刃战，但始终无法夺回主动权。

就在战局处于半胶着状态时，2 月 17 日，伞兵第 1 营在科雷吉多尔岛海滩登陆上岸，向日军发起了进攻。

随着夜晚的降临，日军的扰乱性攻击开始了，黎明时分，日军从切尼山谷向练兵场发起了猛烈的反冲击，遭到美军的坚决抵抗。日军不得不退守坑道和岩洞，凭险固守。2 月 17 日夜间，坚守隧道的日军士兵点燃了隧道内贮存的数吨ＴＮＴ炸药，滚落的石块把日军和美军埋在了岩石中。借着爆炸引起的混乱，大约 600 名日军从东部的隧道口跑到该岛的尾部地带。伞兵 1 营同这批日军展开了激战。最后，日军端着刺刀，扎着白带，满脸血污的发起了冲锋，在美军机枪的扫射下，蝌蚪尾巴上响起了杀猪般的嚎叫。

26 日，在金德里机场南部的猴头小岬上，当 52 名美军伞兵向岩洞内的日军发起进攻时，日军点燃了引信，整个岩洞和大半个山体飞上了天空。

这是科岛最后的爆炸声，随即美军宣布光复科岛。

麦克阿瑟听到这一消息之后，非常高兴。他专门邀请和他当年一起逃离科雷吉多尔岛的人，坐上了他逃亡的那 4 艘巡逻鱼雷艇，沿着他们离开时的路线驶往该岛。所不同的是，3 年前他是在阴沉的黑夜逃离该岛，这次则是带着胜利的喜悦在青天白日下返回。登陆后，映入他眼帘的是挂在树枝上零零落落的降落伞，当年所有的营房都成了孔壳。这时，琼斯迎了上去，麦克阿瑟说的第一句话是："我看见那根老旗杆还立在那里，吩咐你的士兵把军旗挂到旗竿顶上去，决不能再让敌人把它扯下来！"

科雷吉多尔岛被攻下以后，马尼拉的门户洞开，日军海上退路被堵住了。

No.2 奇兵空降

艾克尔伯格在纳苏格布登陆以后，由于这里日军防御力量不强，因此，第8军一路向前推进，一直推进到塔尔湖区。

马尼拉就在湖对岸山地后面。空降第11师必须越过塔尔湖，然后翻过山地丛林，才能到达目的地。

但是，塔尔湖直径16公里，是一个死火山口，其北部边缘有一座山岭，名叫塔加伊塔岭，高900多米。该山岭是吕宋岛南部最重要的军事要地，通往山岭的道路要经过一个狭窄而险要的山口，即环绕在险峻群山之中的阿加隘路口。空降第11师师长斯温很清楚阿加隘路口肯定有日军重兵把守，如果硬冲，日军据险抵抗，伤亡将会很大。

这位空降师的师长自然想到了他的老本行，即采取一次空降突击，造成前后夹击之势，打乱日军的防御。这一块硬骨头啃下来，下面的战斗将会顺利些。斯温立即召集参谋人员研究具体作战方案。据侦察，塔加伊塔岭上有大片已耕种过的肥沃田野，正好是极理想的空降场。斯温决定用他的两个滑翔步兵团从正面攻击以牵制敌人，同时以另一个伞兵团在日军主阵地后方的塔加伊塔岭上空降，这样不仅可以包围这些防御阵地上的敌人，而且还可以夺取塔加伊塔岭，即通向马尼拉公路上的最后一块高地。

为防止伞兵团过于深入敌后被消灭，斯温命令主攻部队必须迅猛攻击，必须保证伞兵团在空降后24小时之内能与该师的其他部队会合。伞降任务交由第511团去完成。

作战方案确定后，伞兵第511团开始在民都洛圣何塞附近的埃尔莫尔和希尔两个机场集结，准备实施空降突击。这时，担任地面攻击任务的伞兵第187团和188团开始向阿加隘路展开攻击。果然不出所料，日军在山口前几个山头上的抵抗非常顽强。双方战斗正激烈时，伞兵团空降引导员带着标示空降场的发烟罐越过敌人防线，到达塔加伊塔岭。

发起攻击的第3天，伞兵第511团的第一梯队乘坐由约翰·拉基上校指挥的C－47运输机第317大队的飞机从民都洛机场起飞，开始向目标飞去。由于这次只是调集了48架运输机，一次只够运载511团的1个营，所以整个空运任务需要两天时间，第1天空降两个营，第2天再空降1个营。

飞机升空后，编成"V"字形队形，然后朝正北方飞往吕宋岛，天空出现了碎云，伞兵们能够看到岛上的塔尔湖。越过塔尔湖南岸，飞机偏向东北，直向双溪山飞去。不一会儿，飞机飞临17号公路。拉基上校命令机群折转向西，使航线与公路平行，直向日军阵地的背后飞去。目标临近了，伞兵们看见空降引导员施放的白色烟柱从远处空降场上徐徐升起。由十几架飞机组成的第一波次进入目标上空，飞机舱门的绿色指示灯一亮，随着各驾驶员的信号，飞机向外抛出一个个黑点，接着又变成一团团白色。伞兵们稳重地下滑着，第一波次很顺利，有 345 名伞兵准确地空降到预定地点。

接着麻烦出现了。随着第二波次飞机进入目标航线时，前面一架领队飞机偶然地从舱门口掉下两个投物袋。其余飞机上有些跳伞长看到张开的两个降落伞，便带领伞兵跳伞。这一下出现了混乱，后面的飞机见前方开始空降，伞兵们纷纷往下跳。这时，飞机的飞行高度是 360 米，而且时速太快，达到 210 公里。当伞兵们跳出机舱时，惯性将他们推向前方，而且高度比较高，许多伞兵落在目标以东 8 公里处。幸亏没有日军，否则，后果不堪设想。

当日下午，伞兵第 511 团的另一个营乘着拉基上校的运输机，沿同样的航线飞往空降场，这次空降场仍然标示得很好。但难以置信的是，他们也犯了前面梯队伞降时所犯的同样错误。飞机临近目标上空时，跳伞长看到地面上有许多降落伞，有些性急的就先离开了飞机，后面接着跳出了一群群伞兵。结果，他们全部空投在空降场以东 8 公里的同一地区。整个空降只有第 2 天空降的 1 个营按计划到达指定目标，这样，伞兵第 511 团只有一半人到达目标区。

由于空降分散，第 511 团的伞兵们集中稍晚了点。集中后，他们立即向阿加隘路口运动，一路上都是高山丛林，伞兵比预定时间晚几个小时到达目标。到达阿加隘路口时，只见前方滑翔机步兵团正与日军激战，随即，第 511 团的伞兵从日军后方阵地发起了进攻。

▼ 美军坦克在丛林中为步兵开辟通道。

正在激战的日军被背后突如其来的枪声震慑了，他们此时才知道美军已在其背后实施空降突击。前后两方的猛攻，使日军防不胜防，渐渐支持不住。到第 2 天中午，伞兵第 511 团和第 188 团均突破了敌军阵地，打通了通往马尼拉的道路。

击溃日军后，第 188 团转向南去扫除"矮子岭"高地的日军残部，第 511 团配合空降第 11 师的其他部队开始向马尼拉市郊进攻。当部队前进到日军步兵第 31 步兵联队防守地域时，双方展开了一场激烈的厮杀。日军第 31 步兵联队在该地控制着一段公路。美军以伞兵第 511 团为先头部队展开攻击，日军被猛烈的炮火炸得七零八落，但死不投降。最后，第 511 团的士兵发起了冲锋，冲向敌人阵地，双方短兵相接，到处是手榴弹的爆炸声。几小时后，伞兵第 511 团踏着成堆日军尸体向马尼拉城冲去。

第一个冲进马尼拉城的是伞兵第 511 团。

No.3 攻占洛斯巴诺斯

空降 11 师突入马尼拉南部防线以后，斯温立即把大家招集起来，研究即将进行的一次大的空降袭击行动——营救洛斯巴诺斯战俘。

洛斯巴诺斯是内湖湾沿岸的一个小城镇，人口稀少，交通不便。日军占领该城后，到处修筑工事，并把一所农学院改成集中营，关押着 2,000 多名战俘。由于战俘人数多，日军设立了重重障碍，明暗堡密布，戒备森严，一般人根本无法接近。

执行伞降任务的还是 511 团。

1945 年 2 月 22 日，尼古尔斯机场。

艾克尔伯格已经拿下了尼古尔斯机场。由于一直处于马尼拉日军残部的火力的威胁下，不断受到炮击，机场跑道布满了弹坑。机场人员正忙着清理碎石，填补弹坑。511 团 1 营 B 连已经到达机场，正在领取物资，开始进行准备工作。

侦察排的部队为了给伞降部队创造条件，已于 21 日黄昏乘坐小船从湖上摇橹向洛斯巴诺斯集中营前进。天空一片昏暗，浓厚的云彩遮住了月光，给袭击创造了极好的条件。侦察兵们坐在小船上，个个一言不发，他们每个人都很清楚这次任务的艰难。作为战斗小组提前出发，去对付装备精良，防守严密的日军，远离自己的大部队，稍有不慎，就有被敌人吃掉的危险。小组的作战目的是负责在登陆海滩和伞降地域设立引导信标，这也是异常困难的。因为日军在整个战斗区域都有兵力部署，相互间可以给予支援，所以侦察小组必须在不惊动日军大部队的情况下把信标立好。同时，他们还要扫除集中营外围的日军岗哨，使伞兵在跳伞后立即投入进攻集中营的战斗。

午夜时,侦察员越过了日军防线的右翼,正在前进时,一阵枪声打破了黑夜的沉寂,顿时,气氛变得异常紧张。难道被敌人发觉了?有些菲律宾游击队员沉不住气了,准备开枪还击。美军军官毕竟还是经验丰富的,他命令大家保持安静,无论如何不能打枪。过了一会,一切又恢复了正常。拂晓前,他们到达指定地点,把小船藏到邻近洛斯巴诺斯西部湖岸的沼泽地里,然后潜伏下来。由于日军白天巡逻队不断走动,侦察员们在沼泽地旁的树丛中整整呆了一天。到了夜间,侦察员们穿过沼泽地和片片稻田,慢慢向集中营运动。整个运动过程迅速利落,日军毫无察觉。在向集中营运动时,有一个班经山道奔向洛斯巴诺斯附近的湖滩,以便为两栖输送车标示位置。

树立登陆标志的任务完成得很圆满,清除哨兵却遇到了麻烦。1945 年,日军节节败退,阵地不断收缩。由于不断受到菲律宾游击队的袭击,所以日军的哨兵的警惕性特别高。同时,哨兵的分布也比过去稠密。清除这些哨兵最重要的是要做到一声不响,所以侦察员们每次都是悄悄接近,然后迅速行动。有一个日本哨兵似乎感觉到了什么动静,叽里咕噜了半天,其实侦察兵已到了跟前,只有几米远,尖刀、绳索一起上,一会儿就把两个哨兵全部干掉了。侦察员清除了哨兵后,立即赶到指定地点,准备为空降部队做引导标记。

正当侦察员们为清除日本哨兵艰苦搏斗的时候,准备突击的伞兵们已经完成各项准备工作,正在尼古尔斯机场 C－47 飞机的机翼下睡觉。

深夜,一名驾驶"黑寡妇"飞机进行夜间侦察的美军飞行员发现:许多开着前灯的运货车不断地从洛斯巴诺斯集中营一带进进出出,同时还沿着集中营以东的公路朝山地方向行驶。飞行员的报告立即送到了斯温的手里。斯温立即召集人员研究出现的新情况,他们分析,日军货车不断进出洛斯巴诺斯集中营说明有两种可能:一种是日军已觉察到美军即将偷袭集中营,正把战俘转移它地;二是日军正在从东部调集部队加强集中营的防御,因为日军兵力集中在东面。这两种情况不论哪一种发生,都将使伞降计划落空。斯温当机立断,立即发起行动。

后半夜,吉布斯部越过马马蒂德湖滩,一路比较顺利,因为这一带属弗拉姆防线之内。随后,他们减速驶进湖内。由于没有月光,他们只能靠指北针航行,先是一直向东,进入内湖湾。为使人们听不到发动机的轰鸣声,他们开到了离湖岸很远的地方。当他们位于洛斯巴诺斯对面时,转而向南航行,小心翼翼地接近湖滩。整个航行非常慢,因为是沿推测航线编队航行,不能杂乱,也不能掉队。

黎明时,当两栖输送车快接近南湖岸的时候,所有官兵都紧张地盯着对岸。奇怪,没有

▲ 被美军解救的美军战俘正被送往后方医院。　　　　▲ 美军伞兵正向马尼拉开进。

引导标志，低矮的绿色湖岸线看上去到处都很相似。难道侦察部队没有完成预定任务？没有引导标志，从何处登陆呢？正在官兵们着急时，侦察部队标示登陆滩位置的两股磷烟在树林上空出现。不能有任何犹豫，于是，两栖运输车驾驶员开足马力，奋力向湖滩冲去。

正当两栖部队向湖滩猛冲时，9架运载B连的飞机也以不到140米的高度从他们的头顶上空掠过。

9架飞机以拉基上校的飞机为引导，进入目标上空时，驾驶员仔细探寻着引导标志。他们比两栖部队更着急，因为飞机航速快，目标一闪而过，没有引导标志盲目伞降是危险的，况且飞机油量有限，目标也太大，一旦引起日军注意，将有被击落的危险。捏了一把汗再度返回时，驾驶员看到了引导空降地域的两股烟柱。拉基命令后面的飞机做好跳伞准备，降低飞行高度，然后带头冲向目标。

此时正是凌晨，当飞机抵达空降地域上空时，伞兵们看到许多日本兵正架起他们的枪，穿着短裤和汗衫集中起来做早操。这是个再好不过的机会了。拉基立即命令各机伞兵按顺序跳伞。接着，片片白点在集中营上空降落。因为日本兵个个睡觉刚起来，而且是准备做早操，突然看到头顶上出现一群飞机，接着是伞兵跳伞。这种突然出现的情况使日本兵惊呆了，很快，他们意识到这是伞降突击。顿时，日本兵乱成一团，一个个惊惶失措，拼命跑去拿枪，往防御阵地跑。头一波伞兵快接近地面了，看到日本兵在拿武器，这些参加过科里吉多尔岛的、伞降突击经验丰富的伞兵从空中开始射击。一些拿了枪、试图向空中开枪的日本兵立即毙命。落地后，由于要取下降落伞，时间到了紧急关头，不能让日本兵还手，随后快接近地面的伞兵们对着狂跑的日本兵猛打，掩护第一波已经落地的伞兵。落地后的伞兵立即取下降落伞，集合成战斗队形，向集中营猛冲。

这时，麻烦出现了。进口处的日本兵已发现了伞兵的突击，机枪喷出一条条火舌，挡住了去路。拉基立即命令，机枪汇合，压制敌火力。趁着敌人火力被压制的一瞬间，几名伞兵飞一样冲向出口处，一阵手榴弹，将敌人打哑了。这时，伞兵已全部着陆，因为打得猛烈，只有几人受了轻伤。拉基集合好部队，先除掉敌永久火力点，进到集中营内。情况出现变化，一些日军零星地开枪反抗，还有一些日军朝着战俘的居住地猛跑。猛烈开火已不可能，因为伞兵被告知，对集中营的任何射击都可能误伤战俘。拉基命令对集中的日军快速歼灭，并拦阻日军混合到战俘中。于是，伞兵分成两批。一批冲向反抗的日本兵，一批冲向正在朝战俘居住地奔跑的日本兵。几个伞兵冒着敌人的子弹，一阵飞跑，用手榴弹炸死奔跑的日军。有一个日本兵已经冲到战俘的房子前，进行反击。这时，侦察部队的一名老兵端起枪，一个点射，将其击毙。伞兵们随即冲向战俘集中营，将战俘集合起来。

这时，两栖输送车刚好到达集中营，在火力掩护下，战俘全部安全撤离。

No.4 激战马尼拉

随着美军逐渐逼近马尼拉，迎接麦克阿瑟的既有鲜花，也有炮火。

马尼拉大街上，每一个主要路口都设置了路障；街道上布满地雷；数千建筑物里都埋置了饵雷；马尼拉湾的海军舰艇被拆解了武装，船上的大炮被拖到岸上。

坚守马尼拉的是日本海军大川内中将的手下。他们已经失去了自己的舰队，也没有受过正规的陆战，特别是山地战训练。因此，大川决定他的部队还是不进山为好，他要同美军在马尼拉决一死战。

他让岩渊海军少将爆破马尼拉城。岩渊把马尼拉划成数块地区，指派自己的工兵和炮兵分区爆破和炮击。庄严的古堡变成废墟，巍峨的饭店化为瓦砾。街道被碎石乱瓦和尸体堵塞，躲过了许多世纪的动乱、人祸和兵燹的价值连城的古迹顷刻之间化为飞灰。

巴石河上的一切桥梁：中国式的木桥、西班牙式的石桥、美国式的水泥桥和钢桥全部被炸毁。日军在东岸的永久工事和地下室里做好了一切准备，它要让美国用它最优秀的青年人的生命和菲律宾人的鲜血，来换取他们豺狼一样的狗命和一座凄凉的废墟。

这时，第1骑兵师正从林加延湾海岸向南挺进。当晚，麦克阿瑟见到维恩·D·马奇师长并告诉他："去马尼拉。我不管你怎么去，到那儿就行，而且要快。要避免人员伤亡。你可以绕过日本鬼子，超越日本鬼子，但一定要到马尼拉，救出圣托马斯集中营的战俘，占领马拉卡南宫和议会大厦。"

马奇立即组织了一支由 800 名热情的志愿者组成的飞虎队，分乘吉普车、卡车和轻型坦克向马尼拉全速前进。两天后，飞虎队到达马尼拉东北 74 英里的甲万那端。骑兵师的战士们涉水过河，把日军赶出了甲万那端，开上了 5 号公路。这支飞虎队在 6 小时之内行进了 120 公里，于 2 月 4 日黄昏时到达马尼拉市区。第 37 师沿 3 号公路紧赶慢赶，还是晚到了 12 个小时，于第二天凌晨到达马尼拉。

麦克阿瑟实现了他登陆后 4 个星期内到达马尼拉的誓言。但是，他还希望用一支精干、行动快捷的力量迅速突破马尼拉，趁日本人正晕头转向时，让他的部队去解救被关押在市里和周边的几千名盟军战俘。如果能让部队迅速入城，就可以不战而拿下这些集中营，但是如果陷入艰苦而血腥的包围战，就很容易提醒日本人在无望的战斗的最后几天大举屠杀他们的战俘。

麦克阿瑟对盟国战俘的命运感到深深地担忧。

2 月 5 日上午，第 1 骑兵师的飞虎队插入北部郊区并向圣托马斯大学进发，日军在那里关押着 3,500 名战俘，主要是美国公民。与此同时，第 37 师前往比利比德监狱。他们赶在日军炸毁山谷上的一座桥梁之前将其占领，没开一枪一炮就占领了比利比德监狱，释放了那里的 800 名囚犯。

当晚，马奇报告麦克阿瑟，问他是否愿意与第 1 骑兵师主力部队一起在第二天早晨进入马尼拉。麦克阿瑟的答复是迅速而肯定的。夜幕降临前，第 2 骑兵师和第 37 步兵师大举进入马尼拉。

2 月 7 日，比利比德监狱。

这一天，麦克阿瑟、埃格伯格、莱尔巴斯和其他 10 来个司令部的先遣梯队参谋人员分乘几辆吉普车从打拉出发向马尼拉驶去。麦克阿瑟径直前往比利比德监狱。第一个向他致敬的囚犯看上去活像一个骷髅，嘎哒嘎哒地跑过来立正、敬礼。"欢迎您到比利比德来，长官。"这个似乎虚弱得站都站不住的，瘦得皮包骨头的人说道。他说自己是沃伦·威尔逊少校，是陆军军医，兼负责监狱医院事务的高级军官。

麦克阿瑟和这个人不人、鬼不鬼的家伙握了握手，质朴地说："我很高兴回到这里。"

进入监狱以后，他发现自己置身于但丁曾描绘过的那种惨不忍睹的景象之中，令人不堪忍受成为其中一员的巨大痛苦。几百人抬头凝视着他，这些人虚弱得除了从他们躺着的地方努力向他微笑以外什么也做不了，他们像一具具尸体一样直挺挺地躺在污秽不堪的简易窄床上，虽生犹死，几乎已经为葬礼做好了准备。他温和地和他们握手，或是拍拍他们的肩膀，努力克制住自己的感情。"您成功了。"一个犯人低声说。

"我来晚了，"他几乎是满怀歉意地说道，"但是我们终于来了。"

一个衣不蔽体、双脚赤裸的巴丹老兵认出麦克阿瑟来，他默默地走到将军跟前，许久许久，才说了一句："您回来啦。"

另一位军官淡淡地说："您到底干了这件事。"

麦克阿瑟点点头，他把大批好酒送给这些战俘们，他们被威士忌刺激得有了点儿活气，才知道自由已经不是一个梦了。

麦克阿瑟不顾劝阻，穿过马尼拉西城的废墟，向巴石河前进。他对马尼拉的街区极为熟悉，穿街走巷，健步如飞，一点儿也不像一个年满 65 岁的老人。菲律宾官员拉李·莱赫巴斯先生和安德莱斯·苏里亚诺先生在他两边走着，几乎跟不上他。他们穿过一条大街，看到整整一排日军肃立在车厢里，菲律宾人吓了一跳。麦克阿瑟却连理也不理，他早知道那是一车集体自杀的日军。

他们终于抵达巴石河西岸，在河对岸密布着日军狙击手。在这么近的距离上，即便一个劣等射手也能打中麦克阿瑟。埃凯尔伯格医生劝将军不要毫无价值地暴露自己。麦克阿瑟连头也不回："没什么危险。他们中没有真正像样的狙击手。他们从不认真瞄准，往往是一有动静就乱开枪。"可是他却笑着拍拍年轻军医的背："靠着我点儿，他们可是要打中你的。"

2 月中旬，马尼拉饭店。

步兵第 37 师的部队已渡过巴石河前往马尼拉大饭店。

麦克阿瑟在炮火中前进，他多么想把这座大厦抢回来。那里有他的军事藏书，有他几十年中收藏的各种纪念品，有他仓促撤出马尼拉时丢下的一切私人物品，从衬衫、鞋子到各种勋章……

不等他和 27 师的尖兵部队接近马尼拉大饭店，突然，"轰隆"一声，大厦底座上腾起了巨大的烟团，把整座大楼吞没了。烟团渐渐变成一朵蘑菇云，越升越高，它的底部是嫣红的火焰和浓黑的烟。3 年来，他一直在梦中看到这栋象征他命运的大厦。现在，他真正见到了真实的马尼垃饭店，而这栋伟大的建筑却在眨眼间化成了一个梦。

麦克阿瑟非常气愤，他从身旁夺过一支汤姆森冲锋枪，跟随美军冲入了一团烟火的饭店。他猛烈地射击，打光了一个又一个弹夹，直到精力耗尽，子弹打光为止。他斜倚在一根楼梯柱上，垂下眼睑，茫然地盯着楼梯上沾满血迹的灰块。突然，感到一阵绝望，他抑制不住自己，大口大口地呕吐起来。

这时，整个马尼拉都处在激战的旋涡之中。

　　马尼拉之战是太平洋战争中最大的也是唯一的都市巷战。硝烟滚滚，血肉横飞。自从1570年西班牙人马丁·路德·果依提把这片地方称做"梅尼拉"以来，它已经历了多次战火的洗礼。1646年荷兰人打败了西班牙人攻占了马尼拉。1762年英国人也攻克过马尼拉。1815年西班牙海军陆战队又登陆收复了马尼拉。83年后，美国海军上将乔治·杜威在马尼拉湾歼灭了西班牙舰队，马尼拉又落入美国人手里。菲律宾人立即又在马尼拉发动了反美起义。从1584年就用巨石砌成的内城城墙，目睹了这一切变迁。它似乎像金字塔一样永恒，把世人的纷争视为过眼云烟。岁月、风尘、热带的酷日和暴雨都无法撼动它的花岗石基。现在，美军和日军的炮弹和炸药，却把它彻底夷平了。雄伟的圣奥古斯塔教堂、马尼拉大教堂、电影院、繁华的圣克鲁兹商店街、穷困的托恩多贫民区、邮电大楼、灯红酒绿的饭店、历史悠久的博物馆也统统化成瓦砾，成了像斯大林格勒、华沙、汉堡、德累斯顿一样的死城。日军的血手像揉烂一把冷香茉莉一样把马尼拉的芬芳、秀丽、娇艳都撕成碎片。

　　1945年2月27日，马拉卡南宫。

　　这座两层楼的石质建筑物是1863年专为西班牙总督修建的。二层的玻璃窗顶部呈半圆形，嵌着五光十色的彩色玻璃。一楼全是方形的或有弯顶的拱门，院内种着奇花异草，树立着精美的雕塑。宫内有豪华的水晶吊灯、中国古瓷器、西洋古钟、西班牙银酒器和中亚细亚挂毯。在马努埃尔·奎松总统任内，它是总统府。美国人称它为"菲律宾的白宫"。

　　出乎所有人的预料，马拉卡南宫竟然完好无损。

　　这一天，红地毯、旗帜、丝绒帐幕和鲜花都搬入了王宫。美军通讯兵将麦克风的扩音器接通了分布在马尼拉大街小巷的战场广播车和高音喇叭。岩渊少将的部队还在巴石河东岸因斯特罗姆区的一小块袋形阵地中顽抗。但美菲官员均通知市民注意收听重要广播。

　　上午11时，麦克阿瑟、奥斯梅里亚、罗幕洛、苏里亚诺和其他美军军官以及菲律宾政府官员步入马拉卡南宫，庄严的仪式开始了。

　　麦克阿瑟头戴菲律宾元帅帽，身着军便服，鼻子上架着太阳镜，站到了麦克风前面。

　　女士们，先生们，马尼拉居民们、美军官兵们，全体菲律宾国民们：

　　三年多的岁月逝去了，它们是苦难的岁月、斗争的岁月和牺牲的岁月。自从我把我们的部队和装备从这座美丽的城市撤走之后，它就成为一个不设防的开放城市。它的教堂、博物馆和文化中心都因之得以在战火中保存下来，免遭战争的残酷洗劫。敌人却毫无人性，我原来过高地估计他们在绝望的困兽之斗中，会对这些文明的象征略加保护而不予摧毁，因为这样做没有任何防御价值。但是这些化为灰烬的建筑将会按它们的原样重建……总统先生，全力以赴，负起职责，率领国民们重建家园吧。我代表我的政府庄严声明，我们将根据法律提供各种援助。因此，你们重获解放的国家必将在自由世界大家庭中获得它的荣誉和地位。你们的首都，虽然被摧残得疮痍满目，也必将恢复到它应有的地位，它将是东方民主的堡垒……

麦克阿瑟的声音哽咽难以自已。人们，包括最熟悉他的人，头一次看见麦克阿瑟用双手去抹掉滚落在面颊上的热泪。他声音嘶哑地结束了又激动又痛苦的讲话：

"我谦卑地、虔诚地感谢全能的上帝，给予了我们军队伟大的胜利。我请求在座各位同我一起，高声诵念主祷文……"

在参差不齐的祈祷声中，麦克阿瑟的眼睛盯着枝形水晶吊灯上面的拼花穹顶，又透过穹顶看到广漠冷寂的虚空。他仿佛能感到真实之中的造物主，帮助他逃出科雷吉多尔的虎口，在布里斯班和莫尔兹比港的艰难时日里给了他信心，在从米伦湾到莱特岛的血战中给了他智慧和幸运，在菲律宾群岛的枪林弹雨中保佑他的生命。而和他同时走过这段历史路程的人们，有多少已经长眠在雨林、礁盘、珊瑚沙、岩穴、永久火力点上和深海中。他们永远也看不到这一天了。

他沉浸在绝对的自我意念里，周围的一切都听不见看不见。像画家抹上了他一生巨制的最后一笔，作家点完了他一生创作的唯一的长篇小说的最后一个句号，乐队指挥领奏完他用一生时间创作和排练的唯一的乐章。他的生命，已经攀上了他事业和荣誉的巅峰。

他终于回来了！

▼ 与日军激战过后，美军士兵行走在马尼拉街头。

第八章

滇缅作战

　　早在菲律宾战役发起之前，罗斯福就向英国、中国、澳大利亚和新西兰等国要求配合行动。英国从自己在远东的传统利益出发，发起了强大攻势；在中缅印战区，史迪威率领他一手缔造的远征军向日军发起了反击；驻扎在中国南方的陈纳德航空队也频频出动，这些军事行动配合美军在太平洋上的进攻，形成了太平洋战争的第二条战线，有力支援了麦克阿瑟在菲律宾的行动。

NO.1 打通"史迪威公路"

1943 年底，盟军在剧烈争吵中确定了缅甸行动方案。

随即，主角出场了。根据开罗会议和魁北克会议的意见，英国参谋长联席会议将负责全权指挥缅北战役。英国亲王蒙巴顿为缅甸战役陆海空总司令，史迪威为副总司令兼总参谋长，下辖英帕尔的英印军、利多的中国驻印军、怒江沿岸的云南远征军以及英国印度洋的海空军。

在第二次魁北克会议上，丘吉尔提议："我们愿意把中太平洋的舰队中的一支分舰队派到西南太平洋受麦克阿瑟将军指挥，同时出动皇家空军参加对日本的大轰炸，为击败敌人作出进一步的贡献。"

"根据情报显示，一支强大的日本舰队，包括 7 艘战列舰，正从中太平洋驶往新加坡。因此，你们不要到太平洋来，你们留在印度洋把日本拖在新加坡的时间越长，给予我们在太平洋进攻的支持就越大。我个人的意见是，除非我们在太平洋遇到意外的厄运，否则你们的海军留在印度洋，对于我们的共同战斗更有价值。"罗斯福说。

"我们原计划用海军的两栖作战部队，越过孟加拉湾在苏门答腊或马来亚方面实施登陆，力争夺取新加坡、曼谷和马六甲海峡。看来，这个方案已经面临难度了。"丘吉尔对罗斯福的意见表示赞同。

"但是，你们要做好准备，以便在日本舰队由于美国的主力进攻而被迫集合它的舰只从新加坡撤往太平洋时，可以发动大规模的两栖进攻。这样可以进一步减轻我们的压力。"

"我现在在想，日本是怎么知道我们的舰队转驶往印度洋的。"丘吉尔感到疑惑。

罗斯福看了丘吉尔一眼，说："日本舰队到达新加坡，我看是为了寻求石油供应，日本国内已经无法提供这种燃料了。现在，你们就是要牵制他们，使它们的舰队进不能，退不得。等我们的太平洋舰队腾出手来，就可以一举消灭它们。但是目前最好的步骤是：用现在掌握的全部资源用于发起全面进攻缅甸北部的战役，这样做收获要大得多。一旦扫清缅甸日军，我们就可以在中国建立起空中力量，保证我们向西面的菲律宾和台湾地区挺进时，得到必要的支援，同时消除了菲律宾的背后之忧，收复菲律宾计划就可以放心大胆地执行了。"

"这真是个英明的决策。我赞成总统的意见。我想补充一点，为了确保战略配合，最好在麦克阿瑟的司令总部设立联络处。"

"这个提议好。这样，蒙巴顿和麦克阿瑟就可以直接联系了。对了，我建议你们也要向重庆派出联络官，这将有利于你们同中国联系的方便。"罗斯福挥着手说。

▲ 史迪威（左）在缅甸与英国亲王蒙巴顿交谈。

　　会后，拉姆斯登立即出任英国驻美军太平洋地区联络官。他十分能干，积极协调美英两国的战略协调关系，得到了麦克阿瑟的信任。但是，在菲律宾战役中，他不幸遇难。

　　对会议的结果最高兴的莫过于史迪威了。现在，他就要奔赴战场，实现梦想多年的打击日本鬼子的愿望。

　　12月21日，印度利多。

　　刚从开罗回来的史迪威不顾旅途的劳累，立即找来中国驻印军将领召开会议，研究反攻缅北的作战计划。史迪威早已成竹在胸，准备率领部队从利多出发，跨过印缅边境，首先占领新平洋等塔奈河以西地区，建立进攻出发阵地和后勤供应基地；而后翻越野人山，以强大的火力和包抄迂回战术，突破胡康河谷和孟拱河谷，夺占缅北要地密支那；最后向八莫方向发动进攻，与云南的中国远征军会师，打通中印公路。

　　他手下的中国人十分佩服地看着他。他们尊敬他，不仅因为他是中国人民的老朋友，而且他还是一位杰出的军事家。

　　窗外，中国驻印军正在进行战前演练。这支远征军曾经被日本人打得晕头转向，失去了 6 万名弟兄。在训练场上，竖着"报仇雪耻，消灭日本"八个大字，士兵们杀声震天。他们正在进行刺刀强化练习。同日本人作战，拼刺刀是必不可缺的项目，尤其是要彻底消灭他们，就要练就一身过硬的本领。

他们十分清楚，中国驻印军将首先发起攻击。

兰姆加尔已是摩拳擦掌，士气旺盛。

当面之敌日军第 18 师团是一块难啃的骨头。该师团有 3.2 万人，是日军的一支王牌部队。1937 年，它参加过进攻上海和南京的作战，是制造南京大屠杀的元凶之一。1940 年，它被调往南洋地区专门进行丛林作战的特别训练。1941 年，18 师团在山下奉文的率领下横扫马来亚，入侵新加坡。长期驻扎缅甸，有"丛林作战之王"的美誉。

中国驻印军以初生牛犊不怕虎的精神向日军发起了进攻。

当战斗打响时，令中国军官惊呆的是，他们的战区副统帅，60 多岁的中将史迪威，竟跑到第一线的营级指挥所来视察战斗，这是他们在中国军队里从未见过的。在整个反攻缅北的进程中，凡到战斗激烈之时，史迪威总会出现在第一线的团或营指挥所里。他开着小吉普车到前线团部蹲着不走，有时候竟像麦克阿瑟那样靠近战场观察。虽然子弹在他耳边滑过，但史迪威却若无其事。

史迪威很爱中国的士兵，他曾这样评价："中国军人是好样的，他们英勇无畏，如果给他们优良的炮火，他们就是世界上最棒的军队。"

远征军初战即取得了于邦、太白加、孟关和瓦鲁班战役的胜利。

日军第 18 师团主力退守孟拱河谷以后，得到了从后方医院返回的 2,000 多名补充兵员，并得到了第 56 师团一部和第 53 师团主力的增援，抵抗力量大为增强。

4 月 21 日，史迪威充分发挥他在战术指挥上的杰出想像力和创造性，作出了一项最为大胆的作战部署。他命令新 22 师向加迈方向攻击前进；新 38 师沿加迈左侧向孟拱迂回；另以美军加拉哈德部队和刚刚开赴前线的新 30 师第 88 团、第 50 师第 150 团，绕道北侧的崇山峻岭，插向敌后的战略要点密支那；将日军在密支那、孟拱、加迈一线分割包围，予以歼灭。

这一部署将彻底打烂日军的防御体系，把日军防线撕成几个碎片，使其首尾不能相顾。当然，这一部署也冒着很大的风险，尤其是插向密支那的一路，长驱敌后，情况复杂，结果难以预料。但是，不"出奇"便难以"制胜"，最大的风险也隐藏着最大的成功。

4 月 24 日，史迪威命令新 22 师和新 38 师"全力攻击前进"。28 日，中美联合突击部队秘密向密支那进发。新 22 师和新 38 师遭到日军的顽强抵抗，前进受阻。

此时的史迪威，已经精疲力竭，骨瘦如柴，脸上的皱纹更多、更深了。他把自己戏称为"老火鸡脸"，有些士兵以为他有 70 岁了。一次，一位美军黑人士兵仔细地打量了一番没戴军衔的史迪威，然后哀怜地摇摇头，对他说："那些征兵局的人什么事都干得出来，怎么能让这么一个老头子干这种事呢？"即使这样，史迪威的战斗精神、工作热情和顽强毅力却比年轻人还要高。

5 月 14 日，中美联合突击队发回了信号，他们距密支那还有 48 小时的路程。两天后，这支部队隐蔽地接近了密支那外围，向密支那机场发起了猛攻。

5 月 18 日上午，史迪威带领 12 名战地记者飞抵密支那。记者们手持照相机，对着史迪威和奇袭密支那的英雄们不停地按动快门。随即，"盟军奇袭占领密支那"的新闻迅速传向各同盟国。

密支那战役共歼灭日军 3,000 多人，克复了缅北的核心要地，打通了"史迪威公路"，作战目的基本达到。

NO.2 松山战役

史迪威的胜利，使北方战线成了盟国瞩目的焦点。但在西线和东线，蒙巴顿和云南远征军仍然保持沉默。

1944 年 3 月，日军打破了沉默，向英帕尔的英印联军发动了猛烈进击。

1944 年初，大本营决定占领"英帕尔附近印度东北部的重要地区"。

3 月 8 日，日军第 15 军 3 个加强师团和印度国民大会的一个师（日军扶持）共 15 万人渡过钦敦江，越过湍急的大川和坎坷的大山，气势汹汹地朝英帕尔以北的重镇科希马杀来。

驻守英帕尔的英国军官是威廉·斯利姆。他准备以逸待劳，等日军进至英帕尔平原边缘时再发起进攻。但是，当他得知日军以两个师团的兵力扑向科希马时，他大惊失色。

丘吉尔听到蒙巴顿被包围后，也感到十分震惊。他说："决不容许英军再出现一次印度的'新加坡'投降，必须采取一切必要手段满足蒙巴顿的作战需求，必要时，可把驼峰运输机作为预备队。"

但是，日军却在大好时机面前发生了争吵。

原来，印军武装师司令鲍斯希望能在进攻英帕尔战役中担任先锋，而日军却希望鲍斯在天皇寿辰这一天发表一篇广播演说，把英帕尔作为献给天皇的寿礼。

等他们决定发起进攻时，英军已经得到了大量援军。

日军分六路发起攻击，但是每路都遭到失败。

6月5日，牟田口廉会见他的上级，缅甸方面军司令官渡边正三将军。在渡边的压力下，牟田口廉也不得不破天荒地解除手下全部三个师长的职务。这是日本陆军史上前所未有的事件：三个师长，一个因为不称职，一个因为患病，一个因为拒绝执行命令。

尽管这样，日军还是挽救不了败局。

此时，缅甸的雨季到来了。暴雨不止，冲毁了返回缅甸的丛林羊肠小道。三个师团中只有一个师团带有足够的粮食，其他两个师团不得不吃草、土豆、蜗牛、蜥蜴、蛇，总之，能抓到什么就吃什么，包括猴子在内。

但是，即使这样，渡边和牟田口廉也不愿意撤兵。直到南方军总司令寺内元帅干预，日军才开始了撤退。

但命令一个月以后才通知牟田口廉。

7月13日，日军开始向钦敦江撤退。在倾盆大雨下翻山越岭的长途行军中，官兵们为了争夺食物而发生火拼，数以千计的病号和伤员掉队，用手榴弹自杀。小路成了泥浆的海洋，摔倒下去，就会埋掉半个身子；那些有气无力地挣扎出来的人，鞋子已没有了。到处是扔

▼ 第二次魁北克会议上，丘吉尔与罗斯福在一起。

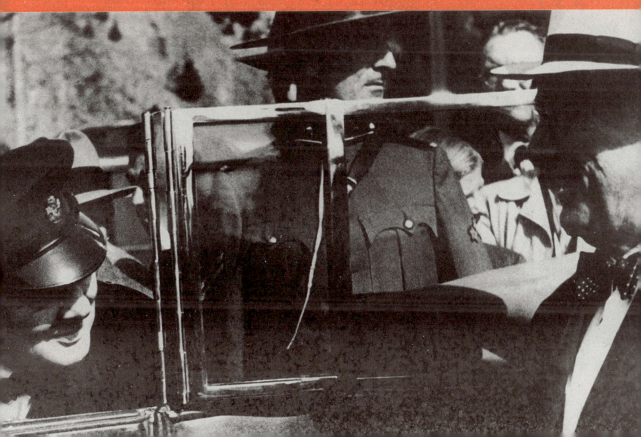

麦克阿瑟将军、罗斯福总统和尼米兹海军上将。

掉的轻机枪、步枪、钢盔、防毒面具等一切用不着的东西。幸存者完全靠意志力的推动活下去；他们拄着临时拣来的拐杖，一拐一拐地前进；坚持了一天行军后，大家挤缩在一起想睡觉，但因大雨倾盆又很难睡着。许多人因为衰弱得无力把头抬到不断高涨的积水上面而被淹死，在渡过钦敦江时，洪水又夺走了不少人的生命。

英帕尔之战，日军死亡 6.5 万人，这个数字是瓜达卡纳尔死去人数的两倍，跟莱特岛上死去的人数差不多。

为了表彰英军的这次战果，英国女王宣布要铸造一种被称为"缅甸之星"的特别勋章，用飞机发送给他们。

当西线万分危急时，东线的中国云南远征军也投入了战斗。

1944 年 5 月，赤日炎炎的滇西保山。

在怒江东岸地形险恶的大峡谷里，20 万穿草鞋的中国士兵陆续过江并向盘踞在山头上的日军阵地发起了进攻。

此时，在中国远征军司令长官部的大房子里，空气却变得骤然紧张。

代总司令卫立煌上将脸色铁青，一只手拿着作战部情报处送来的情报，一只手砸翻了桌上的作战沙盘。

"是谁干的，我毙了他！"

那些平时很神气的副官们个个变成了惊弓之鸟，连参谋长也远远地躲进参谋部不肯露面；没有人敢大声说话，或者高声喧哗。

原来，渡江作战发起以后，根据美军的一份紧急情报，远征军部署已经为日军掌握。

泄密事件在远征军高级将领中引起了极大的震动。

卫立煌连夜召集手下商讨对策。最后达成意见，责令参谋部变更原来的进攻计划。他亲自带着新起草的作战方案直飞重庆面见蒋介石。

新方案利用日本人将兵力集中于右翼的部署，将后备队第 11 集团军隐蔽地调往左翼松山，对松山和龙陵发起总攻击，控制滇缅公路并切断腾冲日军的退路。这样，以 20 万优势兵力同时两面进攻，使敌人首尾不能相顾。

新方案很快得到了史迪威和美军野战司令部的赞同。多恩准将表示，将出动更多作战飞机予以支援。

5 月 25 日，调动部队的命令下达了。第 20 集团军继续摆出攻击姿态迷惑敌人，第 11 集团军所属三个军则沿怒江东岸向左翼战线秘密运动。所有部队车辆均在夜间行军，不得开灯或暴露目标。这一重大军事行动几乎瞒过了日本人的耳目。后来当"芒市一号"的侦

听电台发现松山对岸老六田一带的通讯信号突然增高时才引起警觉，但是毕竟迟了一步。

松山为龙陵县境内第一高峰，属横断山脉南麓，海拔 2,690 米，它突兀于怒江西岸，形如一座天然的桥头堡。扼滇缅公路要冲及怒江打黑渡以北 20 公里江面。易守难攻，地势极为险要。美国报纸称之为"滇缅路上的直布罗陀"。

这时，日本南方军总司令十分关心缅甸形势，他在会见缅甸派遣军总司令渡边正三时问："松山能否守住？"

"报告总司令，松山工事的坚固性足以抵御任何程度的猛烈攻击，并可坚守 8 个月以上。"

1944 年 6 月 1 日凌晨，中国远征军左翼战线的攻势在 30 架美军"B－29"对松山的狂轰滥炸中拉开序幕。第一批中国士兵出现在松山阵地对面。紧接着，潮水般的中国大军相继向怒江西岸的松山、龙陵和滇缅公路沿线涌来。

第 11 集团军一个加强师强渡怒江，随即开始仰攻松山。

第 71 军中将军长钟彬亲随第 28 师渡江督战。他从望远镜里看得清楚，他的穿土布军装的士兵猫着腰，好像灰色的蚁群顺着山谷和山坡的缝隙慢慢蠕动，渐渐接近敌人阵地。

500 米，敌人沉默着；200 米，敌人仍然沉默着。越接近山头，这种沉默越发显得阴险和不祥。

突然地雷和手榴弹几乎同时爆炸。阵地上腾起的黑烟吞没了士兵灰色的身影，无数烟柱此起彼落，死亡的阴影渐渐遮没了天空。机枪响了。不是 10 挺，而是50挺，100挺。机枪、小炮、掷弹筒从隐蔽的地堡中喷吐火舌，交叉射击，强大的火网笼罩着灰色的人群，将他们纷纷抛入血泊和死亡中。

多次进攻无效之后，松山阵地暂时出现了寂静。

右翼战线，松山佑三师团长发现中国军队已经转移兵力，突然对松山、龙陵大举进攻。经过短暂踌躇，终于决定留下一个联队固守腾冲，自己匆匆率领师团主力驰援左翼。同时，驻守芒市、遮放、畹町和腊戍沿线的日军第2、第33师团也接到河边总司令的命令，沿滇缅公路向龙陵进发。

日军的战略意图是：一举夹击并消灭龙陵城外的两个中国师，然后在松山将中国远征军左翼击破，最后在腾冲围歼中国军右翼，实现怒江大捷的战略抱负。

正在龙陵围城的第71军两个师本已攻入城中，敌人援军到达后，只好让出阵地在公路沿线山头掘壕固守。卫立煌命令这两个师战至一兵一卒，不许后退半步。

卫立煌急令后备队第2军、第8军渡江增援。第8军接替攻打松山，第71军和第6军各一师偕第2军经小路绕道增援龙陵。

第8军到达以后，副军长李弥调整了战术：由占领山头改为夺取地堡，并充分运用火焰喷射器并实施爆破。

这一招果然奏效。

在松山主峰子高地，由于山坡特别陡，进攻止步。

美国顾问建议李弥从松山下面挖地道通到子高地，然后用最新式的美国炸药将地堡炸掉。

第8军工兵开始不分白天黑夜地干。半个月以后，地道挖成，工兵开始往洞里搬运炸药。炸药都是美国货，铁箱子，每箱25公斤。左药室填了120箱，右药室填了160箱。

8月20日早上，天气突然晴开了，好像老天有意要让大家开开眼界。一清早，太阳从怒江东岸升起来，把松山子高地照得通红。炮兵照例先打一通炮弹，步兵又佯攻一阵，目的是把更多的敌人吸引到子高地，使爆破取得最大的效果。大约九点钟，所有的部队都撤下大垭口，李弥下令起爆。那天卫立煌、宋希濂、何绍周都早早地过了江，还有几个美国将领和高级顾问也在掩蔽部观看。工兵营长亲自摇动起爆器，他的手有些抖，猛吸几口烟，然后扔掉烟头，狠狠摇动那架电话机改装的起爆装置。开始似乎没有动静，过了几秒钟，大地颤动了一下，接着又颤动了几下，有点像地震，接着掩蔽部的木头支架开始嘎吱嘎吱晃动起来。

这时，子高地有一股浓浓的烟柱窜起来，越来越高。烟柱头上升起了蘑菇云，足足有

200 米高，停留在半空中，久久不散。声音过一会才传过来，十分沉闷，像远方云层里打雷。

阵地上欢呼起来。第 8 军冲上了山顶。

但是，敌人的机枪又响了。爆炸只炸出了两个大洞。

蒋介石火了，下了一道死命令，限第 8 军在"九·一八"国耻日前必须拿下松山，否则军长副军长按军法处置。李弥急红了眼，抓一顶钢盔扣在头上，亲自带特务营上了松山主峰阵地。9 月 6 日，李弥从主峰上被人扶下来，眼眶充血，胡子拉碴，呢军服变成了碎片，打一双赤足，身上两处负伤，人已经走了形。

第二天，主峰攻下。当时，李弥正坐在指挥部外面一块石头上，参谋跑上前向他报告，他一动没动，但是脸上已挂满了泪水。

这时，敌腊孟守备队已处于远征军优势兵力的重重包围中。

夜色深沉，阵地四周的枪声渐渐归于沉寂，浓重的夜色覆盖大地，也遮盖了怒江西岸这块即将粉碎的阵地。天明之后，这里的一切将不复存在：每个活着的人都将死去，变成一具具血肉模糊的尸体，然后从大地上消失。远处山坡上，峡谷里，到处都有一堆堆晃动的篝火，那是成千上万的中国士兵在等候天亮进攻。阵地上，白天美军飞机投掷的凝固汽油弹还在燃烧，山风刮起，送来一阵阵树木和尸体焦煳的臭味。

这是日本军队历史上一个最惨淡的黑暗之夜，所有的日本军人都僵立着，轻伤员搀扶重伤员，躺着的人被扶坐起来，默默地望着司令官手中那面象征大和民族胜利和征服精神的旗帜被一团鲜艳的火苗无情地吞噬着。火光忽明忽暗，映亮士兵们一张张被硝烟熏黑的肮脏的面孔。他们的表情无比沉重和黯然，虽然也有人流出了悲痛的泪水，但是更多的人早已麻木。

护旗官木下冒纪中尉在他的回忆录中写道：

"……我看见司令官的手在微微颤抖。军旗点燃了，火焰慢慢腾起来。司令官很平静，一直坚持让火焰在手上燃烧，我们都嗅到皮肉烤焦的糊味。火焰熄灭时，司令官的手已经烧黑了。"

午夜，金光少佐将木下护旗官唤到跟前，交代他一个极其光荣而艰巨的任务："突出重围，代表腊孟守备军向上级汇报迄今为止发生的战斗经过，呈递有功将士事迹，并将官兵遗书、日记、信件转交其家属。"

木下中尉领受任务后，含泪敬礼，潜入阵地外面的茫茫夜色中，成为腊孟守备队中唯一生还者。

9 月 7 日下午 5 时，一轮红得耀眼的夕阳正缓缓地坠向怒江西岸，坠向松山背后的大垭口。夕阳将残血一般的余晖洒向怒江峡谷的崇山峻岭，涂抹在弹坑累累遍地焦土的松山主峰上，日军守备队最后能够站起来的士兵还剩下 17 名，他们都端着上了刺刀的步枪，在金光少佐的带领下，进行最后一次自杀性冲锋。

然而，一发迎面而来的迫击炮弹直接粉碎了少佐的战斗意志，紧接着一阵更猛烈的炮火将日本士兵的躯体变成一团团耀眼的红色粉雾。当数以千百计的中国士兵呐喊着冲上山头的时候，真正能够支撑身体站起来并且射击的只剩下 3 个人。但是他们仅仅在几秒钟之内就鲜血四溅地栽倒在这片焦灼的异国土地上，用撕裂的肉体和破碎的灵魂祭奠一个属于岛国民族的野心勃勃的世纪之梦。

松山战役没能抓到日本俘虏。唯一一个被俘的日本伤兵途中醒来，竟然咬掉一名中国士兵的耳朵，被当场击毙。

松山的胜利立刻打破了怒江战场的僵局。中国大批增援部队和后勤辎重在隆隆的车辆声中开上了滇缅公路，源源不断地运往前线。

日军开始在缅甸战场上节节败退。

这是第二次世界大战史上一笔由中国人抹下的亮色。

NO.3 "飞虎队"与"驼峰"航线

1941 年 7 月，抗日的烽火正在熊熊燃烧。

这时候，200 多名美国青年，分两批由旧金山启程来到中国西南重镇昆明。他们的护照上，显示着音乐家、学生、银行家和农民等五花八门的身份。走在前面的是几个高个子，艾里克森·西林、罗伯特·詹姆斯·瑞恩、约翰·理查德·罗西和弗里茨·沃尔夫。一路上，围观的人从远处争着看这群蓝眼睛、大鼻子的外国人。他们当时肯定不会想到，就是这些人，在不到一年的时间里，成了大名鼎鼎的飞虎队英雄。

"飞虎队"创始人是美国飞行教官陈纳德。

陈纳德是得克萨斯州一个农民的儿子。他小时候生活艰苦，长大以后曾当过中学教师。进入航空界以后，陈纳德一直走在了飞行技术的前列，曾与威廉·麦克唐纳和约翰·威廉森组成"三人空中飞人"特技表演队。1935 年，他撰写了《防御性驱逐的作用》，在国际航空界引起轰动并一举成名。1937 年初，宋美龄向陈纳德发出邀请，从此陈纳德找到了施展才华的空间。

陈纳德接受了宋美龄的建议，在昆明市郊组建航校，这 200 人就是第一批美国志愿者，

他们既是学员，又是战士，崇高的反法西斯使命使他们来到了这块远离家乡的神圣国度。

陈纳德决心要把他们培养成一流的空军勇士。

在美丽的春城，P－40 已拉开了放飞的架势，他们在滇池上设立了标靶，从空中把炸弹反复投下来。"投中了，投中了！机长，我投中了！"约翰·布莱克兴奋地在传音器中叫了起来。

"那还不是敌人的军舰，等真正投中时，我会请你喝香槟。"陈纳德半开玩笑半认真地通过指挥中心对这位稚嫩的飞行员说。

下午 4 时左右，滇池水面上只有很小的风浪。布莱克和另一位战友像往常一样又飞上了天空，他们的战机哒哒哒叫了起来，很快完成了向水面浮靶射击的科目。然后，两架飞机又盘旋升空。突然，不知是什么原因，布莱克的飞机一头栽了下来，扎入水中，伴随着一声巨响，掀起了巨浪。

布莱克，这个勇敢的战士，永远地沉睡在中国云南的大地上。战友们异常悲痛，他们明白，死亡像毒蛇一样随时会降临到他们身上，但他们还是勇敢地驾着银鹰飞上了天际。

1941 年 12 月 20 日，日军偷袭珍珠港后 12 天。

这一天，昆明航校所有的飞行员例行训练。突然，10 架日军轰炸机放肆地飞到昆明上空，正准备实施轰炸。当陈纳德接到报告时的第一个念头就是：我的上帝，这一天终于来了。

陈纳德当机立断，命令发出迎战信号弹。

这是志愿队迎来的第一次空战。

P－40战机在凄厉的城市空袭警报中腾空而起，陈纳德冲在最前面。由于是初次实战，队员难免有些紧张。弗里茨·沃尔夫击落两架日机后，机关枪卡壳，他大骂那些军火制造商，等到着陆以后才发现是子弹打光了。其余飞行员也忘了训练内容，只要一发现日机就不停地扫射。这场空战，美军志愿队员取得了0：9的辉煌战果，只有一名队员受了轻伤。第二天，日本轰炸机改攻缅甸仰光，陈纳德又率队击落日机7架。

战斗在缅甸南部和泰国上空激烈地进行。志愿队员们以5至20架可用的P－40型飞机，迎战总数超过1,000架的日本战机。在31次空战中，共击毁敌机217架，自己仅损失14架，5名飞行员牺牲，1名被俘。

志愿队首战大捷，"飞虎队"的名声大振，从此，人们就记住了那个画在飞机上的著名的鲨鱼图案。

美国政府出于战略上的考虑，于1942年7月4日将飞虎队纳入现役，称为"美国陆军第10航空队驻华空军特遣队"。1943年3月，特遣队根据罗斯福总统的指示，扩编为美国陆军第14航空队，陈纳德出任少将司令。

在"飞虎队"历史上，驼峰航线的开辟，是其最精彩的一笔。

从1942年3月仰光沦陷到1945年史迪威公路开通之前，中国通往外部世界的道路已基本上中断。如何将抗战所需的大批物资、弹药运进中国成为当务之急。早在1942年10月8日，陈纳德在写给美国总统特使温德尔·威尔基的信件中，就提出开通"驼峰航线"的建议。

"驼峰航线"西起印度阿萨姆邦，向东横跨喜马拉雅山脉、高黎贡山、横断山、萨尔温江、怒江、澜沧江、金沙江，进入中国的云南高原和四川省。航线全长800公里，地势海拔均在4,500～5,500米上下，最高海拔达7,000米，山峰起伏连绵，犹如骆驼的峰背，故而得名"驼峰航线"。

驼峰航线的开辟，是一次巨大的自然考验，勘称为世界航空史和军事空运史的奇迹。在飞行过程中，西南季风、暴雨、强气流、低气压和经常遇到的冰雹、霜冻，使飞机在飞行中随时有坠毁和撞山的危险。航线所经过的不少地区地形崎岖，山势陡峭，峡谷幽深，河流湍急，飞行途中一旦飞机出现机械故障，几乎难以寻找一块紧急迫降地，飞行人员即使跳伞，在荒无人烟、毒蛇野兽出没的深山野林，也难以生还。

"驼峰航线"开辟之初，美军飞机损失惨重。曾在缅甸甘蔗林迫降营救史迪威将军的

▲ 美军运输队满载着支援中国的物资行驶在九曲回肠的滇缅公路。

▲ "飞虎队"的一架 C-46 运输机正飞越驼峰。

福克斯上校，首开人类飞越"世界屋脊"的勇敢尝试，可在仅距印度阿萨姆邦不到半小时航程时撞峰坠毁，把宝贵的生命埋葬在了青藏高原的冰峰雪谷之中。

死亡没有吓倒"飞虎队"战士，他们前赴后继、义无反顾地踏上了死亡航空之旅。

1943 年冬，一架美国飞机从青藏高原上飞来。

美军空军基地上空，一个黑点也出现在天边，由小变大，轰鸣声逐渐变大。地下，孩子们在忙着摸河里的小鱼。突然间，一阵震耳欲聋的爆炸声从孩子头上划过，原本昏黑的天空刹那间变得惊人的明亮。一个巨大的火球将整个天空照得一片火红，火光后面，拖着一股粗粗的黑烟。10 余个黑点正摇摇晃晃地从火球上跳下，很快一个伞状的东西，慢慢飘摇而下。

等到孩子们跑到家门口再回头望时，附近听到爆炸声的村民已陆续赶来，上百人在空地上聚成一个大半圆惊恐万分地望着，空中的黑点有许多并未撑开降落伞，被活活地摔下，一时间，惨叫声、哀号声不绝于耳。火球也已坠落到离他们百米开外的草丛中，继续燃烧，三四十米长、十余米高的熊熊大火和着黑烟不停地跳跃在夜幕中，跳伞幸存的美国士兵似乎在极度惊恐中浑身无力地伏在地上，许久，才半跪半爬地收起降落伞，往不远处的美军空军基地走去。

1943 年 11 月 15 日深夜，由一美国人和中国人（吴子丹）组成的正副驾驶驾驶 17 号飞机降落在了印度阿萨姆邦的汀江机场，准备从那里运汽油回国。当机场地勤员工把 30 多桶汽油牢靠地捆在货舱上后，吴子丹 3 人像往常一样没多说什么，检查完机身仪表发动机后就上了飞机。

几分钟后，20 吨重的"铁鸟"离开地面，冲向了漆黑的天空。当正驾驶开始仔细调整发动机的动力时，副驾驶吴子丹将手轻轻地扶住驾驶盘，凝视着磁罗盘。突然，连续爆炸的巨响，急剧地震动着机身，他的身体不由自主地和驾驶舱的金属发生了猛烈的碰撞。

过了几秒钟，吴子丹开始在一堆破烂的铝皮中挣扎，漆黑的夜里什么也看不清，只是听到一阵流水声，他马上意识到那是几千公升的汽油正从破损的油箱往外流。他想到了会着火，想叫他的同伴赶快爬出，但此时已力不从心，叫不出声，只感到全身疼痛，四肢瘫痪，躺在地上昏了过去……

当他苏醒过来时，正被几位印度人围着，他们是闻声赶来救助这些"盟军"的。约两小时后，3 个伤员被印度村民护送进了美军的一个战地医院。

"驼峰"航线是惨烈的，在 3 年多的开通时间里，平均每天有 1.5 个飞行员英勇牺牲，每天有 0.4 架飞机落入冰川大山中。

"驼峰"航线又是辉煌的，通过这里，盟国向中国运送了 74 万吨物资，在空战中消灭了 6 万敌人。

后来，"飞虎队"战士这样写道：

昆明战役以后，日本人就再也没有来过，昆明城里的人们，孩子们出面，家长们跟在背后支持他们，那些孩子们给我们买了鲜花、橘子以及其他的小礼物，感谢我们迫使日本人不再狂轰滥炸。

1945 年 7 月，抗战胜利前夕，当陈纳德就要离开他生活战斗了 8 年的中国回美国时，重庆成千上万的群众自发地前来为陈纳德送行，百姓们亲切地称他为"老脸皮"，当时，人群不让汽车开动，而是抬轿子般地抬起轿车，经过几个小时将车一直抬到中心广场。观礼台上装饰着飞虎队的标志，松枝与鲜花构起一道长虹。当人们排成一队争着与他握手的时候，陈纳德望着送别的人海，泪水流在饱经风霜的脸上。一位多年来跟随飞虎队的中国地勤人员说：自从马可波罗以来，还没有一个外国人能够如此博得中国人的心。

中国政府授予陈纳德最高勋章，美国军队授予其二级橡树叶杰出贡献奖章。美国总统罗斯福在其给陈纳德的亲笔信中这样写道："美国志愿队的大智大勇连同你们惊人的业绩，使整个美国为之自豪。"

▲ 美国"飞虎队"的创始人陈纳德。

第九章

解放菲律宾

美军控制吕宋以后，开始了扫荡菲律宾群岛的计划。美军连连进攻，日军节节败退。胜利的消息一个又一个传来，菲律宾沸腾了，盟国沸腾了，日本"大东亚共荣"的美梦彻底破灭了，日本侵略者陷入了空前恐慌之中。

NO.1 抵抗烽火

危难之际，菲律宾华侨抗日游击支队大显身手。

太平洋战争爆发后，日军铁蹄蹂躏菲律宾大地。危难之际，广大侨胞团结起来，成立了抗日护侨委员会、华侨抗日反奸大同盟，创办抗日地下报《华侨导报》，组织战地劳务大队，广泛开展地下抗日斗争。1942年5月19日，在中吕宋，建立了一支以华侨青年为主体，活跃于中吕宋丛林里的抗日武装队伍——菲律宾华侨抗日游击支队（简称"华支"），它以中国的八路军、新四军为榜样，取新四军的"4"字和八路军的"8"字作为支队番号，正式编为菲律宾人民抗日军第48支队。

华侨抗日游击支队建立时仅有队员52人、2把短枪、7支步枪，编为2个排3个班。它任务明确，纪律严明，队员们吃苦耐劳、不怕牺牲，人数最多时达到700人。"华支"不仅活跃在山区和农村，而且转战于村镇田野、椰林沼泽，连在敌人严密控制的马尼拉市也建立起了一支在城市开展武装斗争的"华支"马尼拉大队。

1942年8月，"华支"击毙驻吕宋日本军区参谋长田中大尉，声名大振。

1945年2月23日，洛斯巴诺斯。

"华支"第一大队在队长郑显玉带领下，作为先遣队加入斯温侦察排，奋不顾身，首先冲入集中营中，救出了2,100多名侨民，配合了美空降11师的行动，得到了美军游击队司令凡特普少校致函嘉奖。他褒扬"华支"是一支能战斗的部队，并用飞机空投4箱新式半自动步枪和弹药，予以援助。

菲律宾军官诺舍地少校在上呈总司令部为"华支"指挥员请奖的函件中写道："……'华支'的官兵都是外国公民，按义务来说，他们可不必负担直接抗敌的责任，可是他们自始至终同我们并肩作战，一直坚持到最后胜利。"菲军参谋长瓦尔少校也在致"华支"总队长黄杰的信中说："总司令部的档案详尽展示了你组织的针对日本压迫者的抵抗运动中和在菲律宾解放战役时的辉煌功绩。菲律宾军队衷心感谢你的组织在与共同敌人的斗争中，对这个国家的无私服务。"

在关键时刻，菲律宾从海里捞起了绝密公文包。

1944年3月的宿务岛，风平浪静，菲律宾游击队正在休整。这时，驻菲律宾宿务岛上的日本陆军司令大西正登中佐，突然派出大批部队包围了菲律宾游击队基地，并宣布：必须将游击队手中的俘虏交还给他，否则将焚烧所有村庄，处决全部平民。大西索要的俘虏不是一般的日本军人，而是日本联合舰队参谋长福留繁中将。

1944年2月27日，美国第5舰队进攻特鲁克。日本联合舰队司令古贺峰一大将、

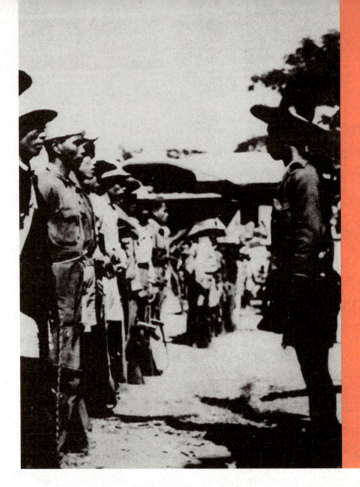

菲律宾华侨抗日游击队员。

参谋长福留繁中将率日本舰队"向西溃逃"。实际上福留已制订好代号为"Z行动"的新作战计划，准备以塔威塔威岛为基地，引诱美国舰队进入菲律宾海域，然后杀回马枪，一举歼灭美国舰队。

3月11日上午9时，古贺、福留带着"Z行动"计划，分乘两架川西造四引擎水上飞机，前往棉兰老岛。途中遭遇风暴，古贺的飞机坠毁，福留的飞机急忙改变航向。12日凌晨2时，飞机燃料耗尽，福留驾机紧急降落。由于他操纵时用力过大，飞机失控跌入大海。福留用力浮出水面，他的手里紧紧握着装有"Z行动"和密码本的公文包。这时，火光把海面照得通亮。他看到许多渔船划过来，知道游击队来了，便赶快扔掉公文包，被人拉上一艘渔船。福留的公文包在水面漂浮，然后徐徐下沉。这时，船上的一名渔民看到了，便跳下水去，将公文包捞了上来。

福留等9人被带到巴德鲁游击队。游击队的埃里迪亚诺上尉战前是东京帝国大学的学生。他听了这些人的谈话，再看看公文包里的"绝密"文件，便知道他们绝不是一般军官，便将此事报告给宿务岛游击队司令库欣中校。库欣立刻用发报机电告西南太平洋盟军司令麦克阿瑟，说他从日军将领手中缴获一包绝密文件。麦克阿瑟没有收到库欣的电报，但棉兰老游击队总司令费蒂格上校收到了库欣的电报。费蒂格马上给澳大利亚的美军司令部发电报。

此事引起"巨大震动"。美国海军准备派一艘潜艇，尽快开往宿务西面的内格罗岛把俘虏与文件弄来。福留在坠机时腿部受伤，巴德鲁游击队整整用了7个夜晚才把他抬到库欣游击队的山中基地。这时，日军已大举出动，库欣被迫退守深山基地，并电告麦克阿瑟：公文包可以送到内格罗岛，日军将领能否送到，没有把握。麦克阿瑟回电说："必须不惜代价拘留俘虏。"库欣只有25人，大西的部队正渐渐逼近，麦克阿瑟的命令无法执行。库欣当机立断，先派两人把公文包送到内格罗岛并通知麦克阿瑟，为了避免日本人继续进行报复，防止平民百姓遭难，他已决定释放日军俘虏。麦克阿瑟大怒，立即回电，解除库欣的游击队司令职务。库欣从中校降为士兵。降为士兵的库欣要求福留写信给大西，请大西不要再采取惩罚性行动，以此作为交换战俘的条件，结果达成了协议。库欣派人用担架将福留等人送下山去。福留的公文包则通过潜艇被送到麦克阿瑟司令部。这些文件是战时缴获的日军最有价值的绝密情报，它使美军完全搞清了日军的电报密码。

No.2 秋风扫落叶

占领马尼拉以后，美军向菲律宾全岛发起攻击。

麦克阿瑟把目光首先注视到巴丹。

2月底，他扔下马尼拉，率部分参谋人员前往巴丹。他兴高采烈地乘坐吉普车沿半岛东海岸疾驶南下，很快便超过先头部队，远远地跑到前面去了。两辆吉普车孤零零地在前面行驶，四周日军狙击手像老鼠一样在丛林中时隐时现。

他的助手提醒他要注意前方。

"笑话，枪哪儿都能来。只要是上帝让它来的，你就挡不住。不过，真的中一枪也好，过去三年里，我的心已经伤透了，再中一枪也算不了什么。"

事实上，危险不是来自地面，而是来自空中。

几架战机在空中飞着，飞行员看到了地面上的吉普车。马上向基地请示，是否开火。

肯尼正坐在指挥中心，听说有吉普车。马上告诉飞行员，让他看清楚，吉普车在那儿。

"报告，车子在敌人和我们战斗间隙。"

肯尼突然想起了麦克阿瑟刚才去前线视察的事。

"不要射击，过一会再说。"

肯尼跳入汽车，向飞行员指示的地方赶去。

"天哪，那不是道格的车子吗？"肯尼发现麦克阿瑟的车子正从一发迫击炮弹下冲出来。

"上天保佑我没做蠢事。"

麦克阿瑟一头冲过来，一看是肯尼，大嚷起来。

"看你的飞行员。地上这么热闹，也不发起攻击。你是怎么安排的。飞行员下来以后，我要降他的军衔。"说完，车子轰的一声开走了。

巴丹攻下以后，麦克阿瑟又把战事从吕宋岛延伸到了其他岛屿。

本来，参谋长联席会议曾指示，把解放其他岛屿的行动交给菲律宾游击队。但是，麦克阿瑟要亲手解放这些岛屿。

他喊来了艾克尔伯格，"去，把克鲁格的两个师拿去，你要把菲律宾岛上的日军统统赶下大海。我想亲眼看到是你们而不是别人把这里解放。你们在马尼拉干得不错，空降11师哪儿都能去。现在把这个重要任务交给你，愿意不。"

"当然愿意。战士们都憋了好久了，就盼打仗。这回这个光荣的任务只能由我们去办，我不想让别人插手。"艾克尔伯格急切地说。

"好吧！但是要记住，不管谁让你停下来，你也不能停下来。这件事，不劳参谋长联席会议，我说了算。"

艾克尔伯格立即率他的部队向菲律宾的其他岛屿发起了进攻。

2月28日，艾克尔伯格首先在巴拉望岛登陆，随后又相继在棉兰老岛、班乃岛、内格罗斯岛、宿务岛、保和岛、巴西兰岛、霍洛岛和塔威塔威群岛登陆。到4月中旬，除棉兰老岛上还有若干日军据点未拔除外，菲律宾中、南部岛屿基本被解放。在总计38次登陆作战中，无论其规模还是其激烈程度都不很引人注目，进展也较顺利。虽然有几个岛屿（如宿务、棉兰老）防守较严、战斗较艰苦，但由于此时的日军大本营已认定菲律宾势在必失，因此它的注意力已由外围转向本土防御，几乎未再给菲律宾战场以空中和海上支援。而且，根据新的战术原则，日军守备部队已不在水陆滩头进行拼死抵抗，而是尽可能死守城市和据点，迫不得已时就将其炸毁。结果，大批日军撤守山区，不少人死于饥饿和疾病，少数人一直坚持到战争结束甚至更晚。

艾克尔伯格最后非常失望，他向麦克阿瑟抱怨说："你一点任务也没给我。同他们打不起来。"

而克鲁格此时正在吕宋的大山里同日军展开拉锯战。

马尼拉被拿下后，山下奉文仍有约17万部队在岛上的3个山区抵抗。其中山下亲率

▼ 指挥收复菲律宾的麦克阿瑟将军正在前线视察。

的尚武集团 12 万人在北吕宋山区，振武集团 4 万人在马尼拉以东山区，建武集团 1 万人在克拉克以西沿海山区。克鲁格面对的是太平洋战争中美军所遇到的最大一股日军集团，他在兵力受到削弱、部队疲惫不堪的情况下，最大限度地发挥火炮的优势，以推土机和坦克开道，一步一步地向前推进，先把日军赶出碧瑶地区，然后于 5 月下旬突破通向卡加延山谷的巴莱特隘口，把敌人压向狭窄的马德里山区。

然而，敌人困兽犹斗。克鲁格必须用其他办法才能彻底打败他。

6 月 23 日，克鲁格实施了第二次世界大战中美军的最后一次空降作战。

这是一次精心组织的行动。目的是切断日军海上退路，结束吕宋岛战役。

在利帕机场上空，第 11 空降师第 511 团又来了，第 1 营和该团的 2 个伞兵连、1 个炮兵连共 986 人正在机场上忙碌地准备着。鉴于前几次行动有失误的地方，这一次斯温下了死命令，绝对不许出任何差错，这是配合第 6 军行动，绝对不能丢第 8 军的脸。

为了以防万一，斯温亲自向空降地点飞了一趟，向每个连长进行了交待，详细地进行了部署。当飞机飞抵阿帕里以南 8 公里的一个简易机场时，斯温指着那片森林说，"就在它的南边。下去后就到树林里集合。"

当夜，别动队在游击队的配合下闪进了漆黑的夜色中。这次行动的代号是"吉卜赛特遣队"，目的是通过这一行动消灭那些像吉卜赛人一样到处流窜的日本军队。

6 月 23 日 6 时，C－47 飞机怒吼着升上了天空，在战斗机低空施放烟幕的掩护下，9 时进入目标上空，伞兵从 200 ～ 300 米高度跳伞。装载有 19 辆卡车、6 辆小车及补给物资的滑翔机随伞兵降落。由于风速达每秒 11 米，着陆时 7% 的人受伤。

着陆后 1 小时，飞行员就在小树林中集合起来，随即向南进发。山上的日军一看，白花花一片，立即飞一般逃掉了。511 团扑了空。他们在山区里探索了 3 天，竟没见一个日军，随后与从地面进入的部队会合。

阿帕里空降是第二次世界大战中美军最后一次空降作战，也是唯一没有发生地面战斗的空降作战。

No.3 马尼拉审判

1945 年 9 月 16 日，马尼拉军事法庭。

根据中国和英国政府的要求，马尼拉军事法庭在庄重的气氛中开庭。审讯的第一个战犯是号称"马来亚之虎"的侵占马来亚、新加坡的日军司令官山下奉文。

山下奉文是地地道道的法西斯军国主义死硬分子。他长期得到裕仁天皇的重用，先后担任驻朝鲜日军旅团长，中华派遣军参谋长。曾率军对中国华北反复"扫荡"，多次对中国抗日军民进行报复性大屠杀。他在蠡县制造"王辛庄惨案"，使用瓦斯一次杀害抗日群众 70 多人；在廊坊制造"韩村镇惨案"，以刀劈、机枪扫射等方式杀害无辜百姓 68 人，烧毁民房 300 余间；他又指挥所属部队制造"大曹村惨案"，以刀劈、火烧等凶残方法杀死抗日群众 73 人，烧毁民房 2,300 余间。在对冀中军区的 5 次围攻中，山下奉文指挥日伪军屠杀了数以万计的抗日军民。1941 年在中国东北负责训练准备入侵马来亚、菲律宾、印尼的南进特别机动部队，并奉调回国参与策划日本侵略东南亚的阴谋。

1941 年 12 月 5 日，山下指挥的日本特混舰队从海南岛的三亚港出发，采取轻装猛进、近战夜战、穿插迂回等多种战术，在武士道精神煽动下，54 天攻下马来亚，又乘胜夺取新加坡，迫使英守军司令举手投降，生俘 13 万人，迫使麦克阿瑟狼狈外逃。

审判由 5 位美国将军担任法官。

随着审判长一声令下，山下奉文被押上了法庭。昔日杀人成性的山下在法庭明亮的灯光照耀下，仍想摆出他"马来之虎"的威风，但成千上万在日寇铁蹄下侥幸活下来的人，纷纷来到军事法庭前游行，高呼严惩杀人凶手山下奉文的口号，吓得他胆战心惊。一些小姑娘在法庭上当众脱开上衣，让法官察看她们受山下的部属刺刀刺伤的痕疤。年岁大一些的姑娘向法庭呈上受日本兵强奸的证词。她们一个个义愤填膺，恨不得冲上去活活把山下咬死。在群情愤怒声讨之下，山下奉文才闭着眼睛低下了头。

法庭指控山下奉文对洗劫马尼拉和新加坡负有不可推卸的刑事责任，应对 1944 年 12 月在菲律宾帕拉万岛烧死 150 名美国战俘负有指挥责任，对同年在菲八打雁省对无辜村民进行一系列屠杀也罪责难逃！

接着，美国海军陆战队伍长陶格拉斯·威廉·波格出庭作证："我们 150 名美国战俘被关在菲律宾帕拉万岛的一座集中营里。那天，我们刚进入防空洞里，便听到一声爆炸和不断的凄厉叫喊声，也夹杂着日军官兵的大笑声和机关枪声。我看到一股黑烟从 A 连的防空壕入口处喷出来。有 50 多个日本兵拿着步枪、手榴弹、轻机关枪、火把，推着一桶桶汽油冲来。他们把汽油从门口倒进去，又抛出一个火把引着汽油。俘虏们冲出逃命时，不是被刺刀捅死，就是被棍子打死，或者被开枪打死！……后来，我们 5 个人侥幸逃出来参加了游击队。"轮到山下奉文为自己辩护时，他狡猾地眨眨眼，花言巧语地为自己开脱罪行："每次事件发生，我都没有得到报告，而事前我也不知道它可能发生……我没有下令进行屠杀……我做出最大的努力来控制我的军队。"美国法官针对山

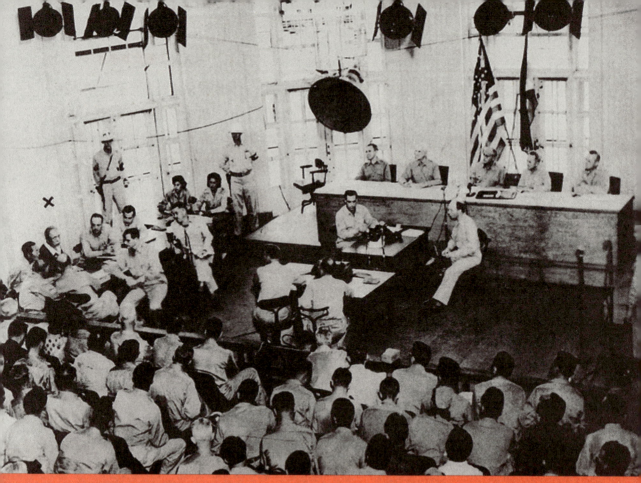

▲ 战后，山下奉文（图中画"X"者）接受审判，最终被送上了绞刑架。

下奉文上述辩解严肃指出："新加坡于 1942 年 2 月 15 日投降日本后，你率军占领新加坡全岛。你当天即向你所属四个司令官下令，必须将新加坡全部华侨男子集中到指定的地点调查身份，有抗日情绪的人和政府人员都要处死。你还规定，这项工作必须在 2 月 23 日完成。根据这一命令，大批新加坡华侨惨遭屠杀，按你们日本人自己统计的数字也不下 5,000 人！"接着，军事法庭又传被迫参加屠杀的马来亚丹戎巴呀警署的警察亚瑟·约翰和汤玛斯·伊萨克出庭作证。约翰说："日本人命令我们把本区内 700 多名华侨带到警署禁闭起来，问问姓名，就用汽车把他们运到丹戎巴呀码头全部枪杀。"此后，军事法庭传目睹日军在新加坡田路附近海滩上屠杀 5,000 名无辜华侨的李秀国出庭作证："1944 年 2 月 23 日下午，我看见 3 辆满载中国人的汽车从我家门口开过。汽车在离我家不远的地方停下来。日本强盗将 3 个人为一组绑在一起，经过华人游泳会旁边的一条小巷，将他们押到海滩上。日本鬼子让华侨面向大海跪下，只见一个日本军官挥动红旗，日本兵就一起开枪射击，之后又举起军刀砍死了那些受伤者！"最后，法官义正词严地质问山下奉文："根据你的命令屠杀了无数华侨，还能说你没有下过命令也不知道发生过屠杀菲律宾、马来亚、新加坡人和华侨的事件吗？"在大量人证物证面前，骄横的"马来亚之虎"像泄了气的皮球一样，垂头丧气地低下了头。经过一个多月的审理，1945年12月8日下午，在日本偷袭珍珠港事件四周年之际，马尼拉军事法庭对山下奉文做出最后判决。法庭庭长雷诺鲁兹少校庄重宣告，判处罪大恶极的日本战犯山下奉文绞刑。

1946年2月23日2时10分，按照麦克阿瑟的命令，把山下奉文押进马尼拉市南郊罗斯·巴尼约斯刑堂。临刑前，山下奉文发表"悔罪演讲"说："由于我的不注意和天性昏庸的缘故，贻误了全军的指挥和统率……曾经是诸位官兵的指挥官的山下奉文，受严峻的法律制裁，就要登上死台了……"山下奉文至死顽固不化。

马尼拉军事法庭审判的第二个战犯，是侵菲日军总司令本间雅晴。

这位有"红鼻子语言学家"之称的本间雅晴是个狡猾又残暴的法西斯军官。他年轻时当过7年负责日本同英国陆军联系的情报联络军官，又给裕仁天皇的弟弟秩父宫当过6年侍从官，还在1932年一夜之间给裕仁天皇讲解并翻译过400页的李顿致国联的报告书。他参加过举世震惊的南京大屠杀，双手沾满了中国人民的鲜血。

军事法庭指控他任侵菲日军总司令时，在1942年4月制造了骇人听闻的导致一万余人死亡的巴丹死亡行军。

美国陆军士兵D·E·英格尔作为巴丹死亡行军的幸存者作证："水潭和小溪的水脏得不堪入口，喝下去危险万分。土井里的水也少得可怜。当战俘抢着取水解渴时，日本兵就举枪射击。等到烟尘消散之后，你就会觉得污水固然会使人死亡，清水也会使人死亡。""路上，菲律宾人多次设法接济我们食物。他们冒着生命危险丢给我们食物时，日本兵也开枪向其射击。此外，偶然看到路边有一点儿甘蔗，设法去取的人，也大多丧命于日本兵的刺刀之下！"

本间雅晴拼命为自己辩解，说他没有下达过任何有关进行死亡行军的命令，并说这一事件不是长期策划的阴谋行动，而是由日本士兵的报复情绪引起的。本间的辩护律师也说本间雅晴不是巴丹死亡行军的主谋，该事件是由来自东京和新加坡的日本参谋军官蓄谋制造的，还胡说死亡行军的严酷性同日本兵在新兵训练营的严酷性没有什么差别。

主持审讯的美国将军认为这是极其无力的辩解，并拿出当时美菲联军司令官金少将的证词，指出巴丹死亡行军是由本间雅晴的参谋长辻政信一手策划的，而且1942年2月奉东条英机之命到菲律宾担任民政顾问的村田，也和本间雅晴谈过巴丹死亡行军问题。所以，本间雅晴诡称不知此事纯属谎言。不仅如此，本间雅晴还亲自下达了死亡行军的口头命令，也知道持续一周之久的行军队伍就在离他的司令部不远的地方通过。因此，本间雅晴妄想

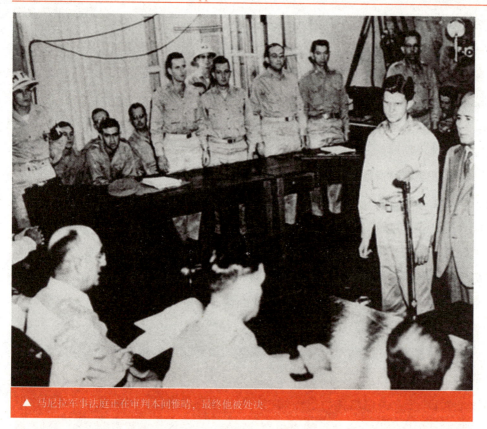

▲ 马尼拉军事法庭正在审判本间雅晴，最终他被处决。

推卸罪责是徒劳的。大量事实证明，本间雅晴有罪，应判处死刑，执行枪决！

盟军最高司令麦克阿瑟接到马尼拉军事法庭关于处死山下奉文和本间雅晴的判决，心里有一种说不出的复杂滋味。

因为山下奉文和本间雅晴是他的老对手。麦克阿瑟当时任驻菲美军司令官，负责指挥盟军在西太平洋地区的战争。他那时掌管十几万美菲部队，山下等人只有6万余人。但麦克阿瑟未及时接受其空军司令刘易斯·布里尔顿关于袭击驻台湾的日本机场的建议，想等到有足够说明日本进攻意图的明显迹象后再进行空袭，结果被山下和本间打得大败，不得不带着夫人和4岁的儿子，搭乘一条鱼雷艇，冒着生命危险，乘夜幕逃出被日军包围的飞地巴丹和科雷吉多尔，不仅自己遭受奇耻大辱，而且使大批美军将士沦为战俘，惨死在日本的屠刀之下。

1946年2月，麦克阿瑟针对山下奉文案件的种种分歧意见，明确发表如下声明："我重新研究了山下案件的诉讼程序，以便寻找某些可以减轻他的罪责的事实，但是我徒劳，我没有找到任何事实……"

"诉讼程序是在一切司法宗旨的主要理论基础指导下进行的……审判的结果是无可挑剔的。""我批准军事委员会的审理结果和判决，并指示西太平洋陆军司令官执行对被告的判决，剥夺他的制服、勋章和其他表明他任军职的标志。"山下奉文的律师又向白宫上诉，但美国总统杜鲁门立即将其驳回。

1946年2月23日清晨3时27分，山下奉文的末日到了，他就着龙须菜吃下最后一片面包，喝完最后一口酒，又装模作样地睡了一会儿之后，终于被架上马尼拉郊外新建的比利比德监狱的绞刑架。他作为法西斯强硬派，又朝北向远在天边的天皇皇宫鞠躬遥拜，但天皇也救不了他的性命，无情而正义的套绳慢慢拉起，战犯山下奉文被永远吊在了历史的绞刑架上。

1946年3月21日，麦克阿瑟不顾本间雅晴的律师要他宽判的呼吁，坚持正义，发表了要执行判决的长篇声明："我再次面临对从前在一次重大战役中的敌人宣布终判的令人厌恶的任务。对他的审讯过程表明……对本间的审讯是完全公正的……以军事授权或军事需要为借口，大规模毁灭手无寸铁、孤立无援的人，还有比这滔天罪行更大、更危险的吗？"

1946年4月3日，本间雅晴罪有应得地倒在美军行刑队的枪口下。

► 山下奉文在马尼拉军事法庭被判处以绞刑。

图书在版编目（CIP）数据

鏖战菲律宾 / 二战经典战役编委会编译 . -- 北京：
中国铁道出版社 , 2015.7（2022.1 重印）
（时刻关注）

ISBN 978-7-113-20460-0

Ⅰ . ①鏖… Ⅱ . ①二… Ⅲ . ①美军菲律宾战役
（1944 ～ 1945）－通俗读物 Ⅳ . ① E195.2-49

中国版本图书馆 CIP 数据核字 (2015) 第 117768 号

书　　名：**鏖战菲律宾**

作　　者：二战经典战役编委会

责任编辑：田　军　　　　　　电　话：(010) 51873005

编辑助理：殷　睿

装帧设计：艺海晴空

责任印制：郭向伟

出版发行：中国铁道出版社有限公司（北京市西城区右安门西街 8 号　邮编 100054）

印　　刷：永清县晔盛亚胶印有限公司

版　　次：2015 年 7 月第 1 版　　2022 年 1 月第 3 次印刷

开　　本：787mm×1092mm 1/16　　印张：11　字数：250 千字

书　　号：ISBN 978-7-113-20460-0

定　　价：39.80 元